U0129236

孫德謙《六朝麗指》駢體文學論探賾

溫光華 著

文史哲學集成
文史哲出版社印行

國家圖書館出版品預行編目資料

孫德謙《六朝麗指》駢體文學論探賾 / 溫光華著.
-- 初版 -- 臺北市：文史哲出版社, 民 113.08
　　頁； 公分（文史哲學集成；756）
ISBN 978-986-314-678-0（平裝）

1.CST：孫德謙 2.CST：六朝麗指
3.CST：駢文 4.CST：文學評論

820.7　　　　　　　　　　　113011718

文 史 哲 學 集 成　756

孫德謙《六朝麗指》駢體文學論探賾

著　　　者：溫　　　光　　　華
出 版 者：文　史　哲　出　版　社
　　　　　http://www.lapen.com.tw
　　　　　e-mail：lapen@ms74.hinet.net
登記證字號：行政院新聞局版臺業字五三三七號
發 行 人：彭　　　正　　　雄
發 行 所：文　史　哲　出　版　社
印 刷 者：文　史　哲　出　版　社
　　　　　臺北市羅斯福路一段七十二巷四號
　　　　　郵政劃撥帳號：一六一八○一七五
　　　　　電話886-2-23511028・傳真886-2-23965656

定價新臺幣四○○元

二○二四年（民一一三）八月初版

孫德謙《六朝麗指》駢體文學論探賾

目　次

第一章 緒 論

一、研究緣起及目的

　　駢體／駢文是中國文學史中相當特殊的體製，與散體／散文發展相伴共生，歷代聲勢雖在正統／非正統的競爭中互有消長，但豐富了文學觀念的理論視野，也共同造就了中國文學翩翩多采的風貌。駢體文學所發揮影響力雖相當廣遠，然歷來因評價爭議較多，遂連帶使駢文研究以及駢文理論研究，一直皆為古典文學領域中備受冷落的一個環節，整體成果若與其他體製相較，則顯得薄弱。駢體文學研究受到冷落，背景因素實難以一言概之，但從文人學者的相關評價，可略見類似態度之所由。如清曾國藩（1811—1872）直陳批評之意云：「駢體文為大雅所羞稱，以其不能發揮精義，並恐以蕪累而傷氣也。」[1]駢體文既被認為難登大雅之堂，又蕪累傷氣，其受文家輕視的程度，可見一斑。駢文史學者姜書閣（1907—2000）對此現象也指出：

---

1 引見〔清〕曾國藩：《鳴原堂論文》（上海：中華書局），四庫備要刊本，卷上，頁 28。

> 近世治文學史者多薄駢文而不加論述；偶或及之，
> 率皆斥為形式主義而草草帶過，或片鱗隻爪，莫明
> 原委。[2]

此類觀點由來已久，成見也已廣植人心。而六朝駢儷緝麗文風盛行，特別重視精雕細琢，講究辭章形式之美，流風所及，已造成文弊，當時即已頗受非議，劉勰（464—522）指出：「文體解散，辭人愛奇，言貴浮詭，飾羽尚畫，文繡鞶帨，離本彌甚，將遂訛濫」[3]；顏之推（531—591）也稱：「今世相承，趨本棄末，率多浮豔，辭與理競，辭勝而理伏；事與才爭，事繁而才損。」[4]六朝文「浮豔」之流弊漸生，甚至被古文家視為「八代之衰」[5]，清姚鼐（1732—1815）也說：「古文不取六朝，惡其靡也，⋯⋯齊梁以下，則辭益俳而氣益卑」[6]。就名義概念而言，六朝文與唐宋時所流行的四六文並不等同，然六朝文深受歷來駢體文學評價及爭議之牽連，甚至與四六駢體常被混為一談，因而不僅頻頻遭致後世文家輕鄙貶抑，文學史家也較少從正面態度看待。王國維（1877—1927）曾謂：

---

2 引見姜書閣：《駢文史論·序》（北京：人民文學出版社，1986 年 11月），頁 2。

3 語出自《文心雕龍·序志》，引見王更生：《文心雕龍讀本·序志》（臺北：文史哲出版社，1991 年 9 月），下編，頁 382。

4 引自〔北齊〕顏之推撰、王利器注：《顏氏家訓集解·文章第九》（臺北：漢京文化事業，1983 年 9 月），頁 249。

5 此語出自〔宋〕蘇軾〈潮州韓文公廟碑〉，其評云韓愈「文起八代之衰。」引見《蘇軾文集》（北京：中華書局，1986 年 3 月），第十七卷，頁 508。

6 引見〔清〕姚鼐：《古文辭類纂·序目》（臺北：華正書局，1998 年7 月），頁 27。

> 凡一代有一代之文學：楚之騷、漢之賦、六代之駢
> 語、唐之詩、宋之詞、元之曲，皆所謂一代之文
> 學，而後世莫能繼焉者也。[7]

在「一代有一代之文」的前提下，「六代之駢語」所指大致
即為文學體製意義上的駢體，足為一代文學之代表，也正凸
顯「駢語」在魏晉南北朝這一時期所代表的獨特文學成就及
正面意義，亦由此可見六朝甚至駢體文未必僅具負面意義。
而就文學史研究的角度來看，六朝駢體之研究，卻明顯遠遠
不及楚騷、漢賦、唐詩、宋詞、元曲所受到關注重視的程度。

　　從學術的發展趨勢來看，清代可謂傳統學術的總結時
代，各體文學理論及批評著作應運而生，駢體文論也在復興
大勢中，展現出相當豐富而突出的成果，如呂雙偉指出：

> 清代駢文理論內容豐富，在和古文爭地位的過程
> 中，逐漸生成自己的理論話語，對傳統駢文作了深
> 刻的理論總結，當之無愧地集歷代駢文理論之大
> 成。駢文學到清代才真正成熟，駢文的有關問題到
> 清代才大量討論，才有法可循。[8]

由此可知，清代駢文理論批評實為傳統學術研究中不可忽略
的一個環節。而且清代文人學者看待駢體文的發展，也多有
推崇六朝體、以六朝為尚的趨勢。呂雙偉對此趨勢闡釋其背

7　此說詳見王國維：《宋元戲曲史・自序》（臺北：五南圖書出版公司，
　　2012 年 7 月）。
8　引見呂雙偉：《清代駢文理論研究》（北京：人民出版社，2011 年 8
　　月），頁 345。

景謂：

> 六朝駢文句式工整而不呆板，文氣流轉而不凝滯；
> 題材廣泛，內容豐富，描寫、抒情和議論、敘事兼
> 長；風格典雅雄渾、沉博絕麗，多能做到於綺藻豐
> 縟之中，存簡質清剛之制。其中，沉博絕麗在博學
> 成風、以學術為尚的清代，更容易得到文人學士的
> 認同。這種以六朝駢文為正宗的取向，導致清人在
> 評論當代駢文家時，多以「漢魏六朝」為尚。[9]

可見六朝駢體有獨特的文學美感價值，與唐宋之世的四六駢
體自有不同形象，故受清代學者認可尊為正宗。

　　清末民初人心多求新思變，傳統文學的價值也遭遇極大
衝擊與挑戰，學者孫德謙身處於清末民初此一新舊思潮巨變
之際，不完全依循傳統評價論調，為期能進一步傳承舊學，
因而著《六朝麗指》一書，其書以「庶六朝之閎規密裁，於
是焉在」[10]為論旨，正展現了總結往代理論，深刻討論駢文
體製規律的動機意向。他「論駢體正宗，則宜奉六朝為法」
（頁三十一右）為持論核心，主張以積極而且正向的立場來
看待六朝文學，不僅取法乎上，推崇六朝文以為「駢家之軌
範」（頁四十右），也極力彰顯六朝文的獨特價值，如此更
開啟了看待六朝文以及駢體文學的不同視角，其「甄綜異同，

---

9 引見呂雙偉：《清代駢文研究》（上海：上海古籍出版社，2018 年 8
　月），頁 369。
10 引見《六朝麗指・自序》，引見《六朝麗指》（臺北：新興書局，1963
　年 11 月），自序頁二右。本書以下行文及各章凡徵引《六朝麗指》
　原典，均將出處頁碼直接括註於引文之後，不另加當頁註。

吋殊徵於吐鳳；掎摭利病，邁絕作於雕龍」[11]之卓越成就，實可作為「來學之津逮」，可謂是繼《文心雕龍》之後又一重要駢體文論傑構。如陳鵬評論云：

> 孫德謙對六朝駢文進行了廣泛深入的評論和自成體系的探討，從而填補了文學史對六朝駢文進行總體研究這一空白，豐富和深化了學界對「六代之駢語」的認識。[12]

此正凸顯了《六朝麗指》對於「六代之駢語」之探究，具有廣泛深入又能填補空白的理論價值。

　　孫德謙（1869—1935），江蘇元和人，字受之，又字壽芝，號益葊，晚號隘堪居士[13]，是晚清民國初年時期著名的史學家、目錄學家、駢文家與駢文學者，論學究心流別，以研治章學誠《文史通義》而享有盛名[14]，可謂是兼具創作造詣與研究深度的學者，其學術著作相當豐富[15]，時人評謂「著

11　引見馮煦：《六朝麗指‧序》。
12　引見陳鵬：〈論孫德謙駢文學的創新及其意義〉，《江淮論壇》2023年4期（2023年8月），頁173。
13　參據吳丕績：〈孫隘堪年譜初稿〉，《學海》創刊號（1944年），頁87。
14　參據錢基博：《現代中國文學史》（臺北：明倫出版社，1972年8月三版），頁115。
15　孫德謙之著作已刊者有：《太史公書義法》、《漢書藝文志舉例》、《劉向校讎學纂微》、《六朝麗指》、《稷山段氏二妙年譜》、《古書讀法略例》、《孫隘堪所著書四種》等六種；另有未刊者：《諸子要略》、《諸子通考》、《孫卿子通誼》、《呂氏春秋通誼》、《古書錄輯存》、《補南北史藝文志》、《文選學通誼》、《四益宦駢文稿》等八種；再加上未成或成而已佚者若干，凡二十八種。詳可參王蘧常：〈元和孫先生行狀〉，《國專月刊》2卷4期（1935年），頁57-58。

作閎深萃百家」[16]。孫氏嘗自云其習文歷程云：「少好斯文，迄茲靡倦，握睇籀諷，垂三十年」[17]，自早年即將李兆洛《駢體文鈔》列為重要的研讀基礎，致力於駢儷之寫作達三十年之久，與李詳（審言）（1859—1931）並稱於當時，錢基博（1887—1957）《現代中國文學史》在「駢文」部分亦將孫德謙與劉師培、李詳、黃孝紓等二家並列，足見其駢文家之地位。孫氏既擅長於駢文之寫作，又對於六朝文之體製領會既深，晚年遂發凡起例，彙集歷年論述駢儷之語，於民國十二年（1923 年）出版《六朝麗指》一書，以體現其多年研習六朝文章之心得。

　　關於《六朝麗指》一書所指稱「六朝」，其實與一般歷史上所慣稱「六朝」並不完全相同，歷史上多將建都於建康的六個朝代合稱「六朝」，包括吳、東晉、宋、齊、梁、陳；至於文學史上所謂「六朝」，大致是指魏晉南北朝，時代上比歷史所指為寬，地理空間上較歷史所指為廣。[18]然依據《六朝麗指》一書所指涉「六朝」，則與一般歷史或文學史上習慣的指稱略異，並不包括吳及東晉，主要指的是宋、齊、梁、陳、北朝、隋，大致即歷史上所謂的南北朝。這當可由《六朝麗指》內容進行檢視，舉以下幾則來考察孫德謙對「六朝」

16　此語本蕭莫寒：〈輓孫德謙先生〉，《詩經》1 卷 5 期（1935 年），頁 11。

17　引見孫德謙《六朝麗指・自序》。

18　關於此相關說法之探討，可詳參林文月：〈關於文學史上的指稱與斷代——以六朝為例〉，《語文、情性、義理——中國文學的多層面探討國際學術會議論文集》（臺北：國立臺灣大學中國文學系，1996 年 4 月），頁 9-23。

所界定範圍：

> 或謂昭明所選，……其實偏重六朝。何以知之？試
> 觀「令」載任彥昇〈宣德皇后令〉一首，「教」載傅
> 季友〈為宋公修張良廟教〉、〈修楚元王廟教〉二首，
> 「策秀才」則祇有王元長與彥昇兩家，以及啟類、彈
> 事類、墓誌、行狀、祭文諸類，彥昇為多，其餘即
> 沈約、顏延之、謝惠連、王僧達數人之文，豈非以
> 六朝為主乎？（頁十四左～十五右）

> 六朝之文，在齊梁時繁縟極矣；晉、宋之間，往往
> 神韻蕭疏，饒有逸趣。故論駢文，當以晉宋為一
> 格。（頁五十九左）

> 六朝帝王均有文集，見之《隋志》者，宋如武帝、文
> 帝、孝武帝，齊如文帝，梁如武帝、簡文帝、元帝，
> 後魏如孝文帝，後周如明帝，陳如後主，隋如煬帝，
> 皆載別集若干卷，但傳本無多耳。（頁六十四右～左）

> 余嘗謂考魏晉風俗，則當讀《世說新語》；如顏氏
> 書，記六朝最詳，不可不披覽也。（頁六十五左）

此處四則均直接指稱「六朝」，第一則是在說明《文選》選
文偏重六朝，所舉《文選》眾體選文之作家，如傅亮（374
—426，季友）、顏延之（384—456）屬晉宋之際，謝惠連（407
—433）、王僧達（423—458）屬宋，沈約（441—513）、任
昉（彥昇，460—508）跨宋齊梁三代，王融（元長，467—493）

為宋齊之際，全屬於南朝作家，可見六朝主要指南朝；第二則將「齊梁」與「晉、宋之間」對舉，並歸入六朝範圍，但其實「晉、宋之間」是指一種蕭疏文風，以相對於齊梁的繁縟文風，主要所指仍為宋；第三則列舉六朝帝王有文集者，包括宋、齊、梁、陳、後魏、後周及隋，其中後魏（北魏）、後周（北周）屬北朝；第四則「六朝」則有別並相對於「魏晉」，是一般「魏晉六朝」之習慣稱法。由以上所舉行文之例，並依據《六朝麗指》書中論評取材之範圍，即可知其所指稱「六朝」，實為「南北朝」。[19]

　　孫德謙自云《六朝麗指》「符羊子百章之數」[20]，可見全書共一百則，實有意裁量而成書，他運用傳統文章學的論述模式——「文話」的話語體例及理論型態，以即興式、隨筆式的漫談方式闡述六朝駢體文學的各個面向，全書有關駢文體製、風格、文風、流別、審美特質、作家、創作技法等主題，包羅宏富，也涉及六朝時期作家作品、文學特徵、六朝文學發展及評價問題，故其著作性質，如當前學者所界定，當屬於駢文學、駢文理論及批評的論著，如以下幾則學者評

---

19 關於六朝名義之考察，可詳參李倩倩碩士論文：《孫德謙六朝麗指新探》，論文中專設一節，從《六朝麗指》內容敘述中舉證考察其書所指六朝並不包括漢魏、西晉，也不包括東晉，並歸結云：「孫德謙所指的六朝不包括東晉及其以前的時代。全書中所引用的作家除去東晉及其以前的之外，剩下的作家屬於宋、齊、梁、陳、北魏、北齊、北周、隋這幾個朝代。」詳參李倩倩：《孫德謙六朝麗指新探》（石家莊：河北師大學碩士論文，2013 年 6 月），第一章第一節，頁 3-4。

20 「符羊子百章之數」為孫德謙《六朝麗指·自序》之語，「羊子百章」本於《漢書·藝文志》儒家所列書目，記載云：「羊子四篇，百章，故秦博士。」引見〔漢〕班固撰、〔唐〕顏師古注：《前漢書藝文志》（北京：中華書局，1985 年），頁 24。

價的觀點：

> 孫德謙《六朝麗指》對於駢文的風格，形式特徵和創
> 作方法等都有具體的、獨到的探討，善於利用具體
> 例文明確地說明概念內涵，不僅客觀上深化了六朝
> 駢文研究，本身也成為駢文理論史上的代表之作。[21]

> 該書立足於六朝駢文，通過論析駢文的創作、鑒
> 賞、風格、文體源流、代表作家作品等構建出關於
> 六朝駢文批評的理論體系。[22]

> 《六朝麗指》是孫德謙駢文理論的代表作，……本書
> 論述的範圍，從六朝駢文的總體氣韻、風格，到具
> 體的作家作品、形式體制、創作方法等等，勝義頗
> 多。[23]

諸位學者歸納出《六朝麗指》一書的理論性質，可見其所關
涉的範疇頗為廣泛，兼賅駢文理論與批評的多元面向，或為
「六朝駢文概論」，或以為如「六朝駢文史」[24]，尤其該書
深廣度兼備，時見立論精審之見，故聲譽成就卓然，在駢體
文學發展史中，具有總結的學術意義。《20 世紀中國文學研

---

21 引見呂雙偉：《清代駢文理論研究》（北京：人民出版社，2011 年 8
月），頁 287。
22 引見劉濤：〈論六朝麗指在駢文批評上的貢獻〉，《廣東技術師範學
院學報》（社會科學），2013 年 5 期，頁 14。
23 引見于景祥：《文心雕龍的駢文理論和實踐》（北京：中華書局，2017
年 12 月），第四章〈文心雕龍在駢文史上的影響〉，頁 457。
24 引見莫山洪：〈論駢文理論的歷史演進〉，《上饒師範學院學報》24
卷 2 期（2004 年 2 月），頁 71。

究‧魏晉南北朝文學研究》曾綜合其書整體價值，指出：

> 孫德謙的《六朝麗指》乃專論六朝駢文的專著，為日後研究魏晉南北朝駢文，以及撰寫中國駢文的歷史都打下了堅實的基礎。[25]

可見《六朝麗指》深刻的理論內涵，也兼具六朝駢文及駢文理論的學術研究價值，甚有必要加以闡述及評估。

　　是故本書從駢體文學的角度切入，期望藉由《六朝麗指》所開啟的理論視野，重新審視六朝文的文學意義及美感，進而展現《六朝麗指》一書的理論內涵及學術價值，並能為駢體文學研究之墾拓及推進，略盡棉薄之力，這也正是本書主要的研究緣起和目的。

二、研究範圍及視角

　　《六朝麗指》全書共一百則，為文話型態，形式上較顯得零散，各則也可各自獨立，但前後觀點時有關聯互應，可共相彌綸，體現一定的系統性，至於內容主題所涉及面向則相當廣泛，若按《歷代文話》叢書「提要」所概括，主要包括正名辨體論、風格論、創作論、鑒賞論、作家論、文體論等多方面[26]，似已大致可見其書理論規模及體系，然若一一予以展開探究，則其書中部分理論主題所涉材料顯然較少，論述較為薄弱，故為避免論旨紛雜泛議，經衡量取捨，擬以「駢體文學論」為主要範圍及研究重心，將《六朝麗指》相

---

25 引見吳云主編：《20 世紀中國文學研究‧魏晉南北朝文學研究》（北京：北京出版社，2001 年 12 月），第十章〈南朝文學研究〉，頁 450。
26 詳參王水照編：《歷代文話》（上海：復旦大學出版社，2007 年 11 月），第九冊，頁 8415。

關觀點予以匯聚連貫，一方面透過微觀的闡釋析論，呈現其理論體系之概貌，另一方面也期能從宏觀面綜理歸結重要成就，抉發其理論意義及學術價值。以本書第三章「《六朝麗指》駢散合一說的理論內涵及其學術意義」而言，對歷代駢散合一觀點衍生及發展脈絡的闡述、對駢散合一說學術意義的歸納，均屬於宏觀層面；而針對《六朝麗指》駢散合一說的理論特點及內涵的闡述，則大致基於微觀的探討。

　　文學理論有時常是文學創作現象的反映，《六朝麗指》理論所反映的正是六朝文的創作現象，然而其書所謂六朝文，並不是嚴格意義界定下的「駢文」或「駢體文」，更不是所謂「全取排偶，遂成四六格調」，形式格調已定型化的「四六文」，孫德謙也嘗謂：「六朝文祇可名為駢，不得名為四六也」（頁七十左），而是雖以駢偶體式為主，但其「氣轉於潛，骨植於秀，振采則清綺，凌節則紆徐」[27]，具有潛氣、秀骨，又能文采、音律兼備，這自與傳統文家所認知的駢文特點有極大差距。因此，《六朝麗指》對六朝文章的關注點，可謂別具隻眼，書中不僅僅專注於一般駢文所強調儷偶、用典、練字、聲律等藻飾元素及形式技巧，而是以積極態度，從不同取向看待六朝文，推崇其中獨具氣韻的美感特質，以彰顯六朝駢體應有的地位與價值，而這些特質，也是本書聚焦於駢體文學研究範疇特予關注的重點。

　　清代駢體文再度復興，關於駢體文之名稱，也有眾多異說，其中「駢文」、「駢體」已普遍運用於文集、選本的題

---

27 引見《六朝麗指・自序》。

名，如王先謙《駢文類纂》、李兆洛《駢體文鈔》、曾燠《國朝駢體正宗》等；民國之後，研究駢文的專著，如謝无量《駢文指南》、劉麟生《中國駢文史》、瞿兌之《中國駢文概論》等，均以「駢文」概稱駢儷之文，並正式取代「四六」等異稱，當前學者也多慣用「駢文」來指稱漢魏以後，歷經六朝以至隋唐時期的駢儷文章。由此看來，一般所謂「駢文」、「駢體」、「駢體文」所指涉意義大致並無不同，《六朝麗指》書中行文表述也兼用「駢文」及「駢體」，故本書各章標題或行文主要使用「駢文」或「駢體」，間或配合文意敘述需要而稱「駢儷」。

　　孫德謙所著《六朝麗指》一書在近代駢體文學發展史中，實已具有一席之地，學者也屢屢參酌徵引，然而目前海峽兩岸有關《六朝麗指》研究，尚未見專著出版，在研究過程中可供參考且直接相關的專題論文也仍不多見，除了數篇期刊論文，也陸續見到幾篇大陸地區的學位論文，學位論文因均有分章節論述，且篇幅內容較詳細，較能從其章節見到完整論述架構及開展情形，故在此舉要將四篇列出，以略見其所呈現的研究成果概況（依畢業年月先後）：

（1）王益鈞：《孫德謙駢文理論研究》，香港：香港中文大
　　　學碩士論文，2006 年 12 月。
　　第一章　緒論
　　第二章　辨體
　　　　　（主張駢散合一／駢文與律賦、四六之異／對某些駢
　　　　　　　文體裁的觀點／風格）
　　第三章　修辭

（對偶／用典／鍊字／聲律／比興／形容／斷插足縮）

第四章　　總結

（2）李倩倩：《孫德謙六朝麗指新探》，石家莊：河北師範
　　大學碩士論文，2006 年 12 月。

第一章　　孫德謙對六朝及六朝駢文的認識

第二章　　孫德謙對六朝駢文創作手法的認識

第三章　　從六朝麗指引書看孫德謙的學術淵源

第四章　　六朝麗指的作家論

（3）丁姍姍：《六朝麗指駢文理論研究》，南昌：江西師範
　　大學碩士論文，2007 年 5 月。

第一章　　孫德謙其人及其學術成就

第二章　　文源六經──駢文地位之認識

第三章　　駢散合一的理論主張

第四章　　氣韻與潛氣內轉

第五章　　對六朝作家作品具體評價之研究

（4）王榮林：《六朝麗指研究》，瀋陽：遼寧大學博士論文，
　　2015 年 5 月。

第一章　　緒論

第二章　　六朝麗指中的駢體文辨名

第三章　　六朝麗指中關於六朝駢文內容題材的論述

第四章　　六朝麗指中關於六朝駢文藝術風格的探討

第五章　　六朝麗指中關於六朝駢文創作方法的論述

第六章　六朝麗指中關於六朝駢文作家的評述
第七章　六朝麗指中關於六朝駢文類別的論述

此四篇學位論文大致皆針對《六朝麗指》一書進行整體研究，然關注面向及開展重點各自不同，第一篇主要著眼在《六朝麗指》「辨體」及「修辭」兩項理論內涵；第二篇結合六朝駢文的創作實踐，闡述《六朝麗指》一書之理論內涵；第三篇從四個理論角度析論孫德謙的駢文主張；第四篇則由繼承與創新的面向，凸顯有關駢文內容題材、藝術風格、創作方法、作家評述、駢文類別的理論要點。四篇論文的章節設計方式頗有區別，較集中在學術淵源、理論內涵、體製名義、創作方法、藝術風格、作家評論等面向，若將此諸項綜整，當亦可窺見《六朝麗指》理論範疇之概況，是故各篇雖為學位論文，尚未正式出版，然所呈現價值依然彌足珍貴，對於本書研究過程及思考觀點的拓展，的確也發揮不少參考徵引的作用。

　　本書各章則嘗試以「駢體文學論」為主要範疇及視角，從《六朝麗指》各條目進行彌綸綜合，提綱挈領，選取最為重要、具關鍵性的專題進行考察，期能推闡《六朝麗指》在駢體文學理論發展史中獨具的價值，以彰顯其書的學術意義。

三、各章研究要旨

本書內容除首章為緒論，末章為結論，論文主要內容分為五章，均旨在闡述抉發《六朝麗指》一書中關於駢體文學理論內涵，各章各有不同的論述主題及重心，故亦可獨立成篇。今將諸篇彙集為專書，並不依撰寫或發表先後為序，而是以理論淵源、核心理論及其他創作理論為序排列，是故首先從《六朝麗指》理論淵源與《文心雕龍》之關係論起，其次探討《六朝麗指》兩項最重要的核心理論觀點，亦即駢散合一說以及氣韻論，再者為《六朝麗指》用典理論，最後以駢體文學史論為視角進行理論內涵考察，各章前後共相彌綸，以期能共同呈現《六朝麗指》駢體文學理論之要義。茲分別概述各章要旨如下：

第二章　《六朝麗指》駢文理論與《文心雕龍》之關係：

《文心雕龍》及《六朝麗指》兩書相距逾一千四百年，著作的性質、體例及架構雖有顯著差異，但在駢體文學的發展上，兩書面對的都是駢儷文風盛行的時代，作者劉勰以及孫德謙，也均高度關切六朝駢體文學發展之相關問題，並皆總結了六朝文學的創作經驗及規律，故兩書文論之間的互應與關聯性，是頗值得探討的學術議題。本章主要從駢文的體裁、駢體的作法等面向切入，進行比較辨析，從中發現《六朝麗指》或多方參藉引用《文心雕龍》的文句，或對《文心雕龍》觀點予以辨正、補充及延伸，兩書不僅文學觀念相近、理路相通，甚至沿襲之處也甚多，此正明顯可見《文心

雕龍》的理論視野確實對《六朝麗指》之立論有所影響。

　　第三章　《六朝麗指》駢散合一說的理論內涵及其學術意義：

　　孫德謙以駢散兼行者為正格，闡揚駢散合一之論，極力彰顯六朝文的典範價值及獨特性，而駢散合一也成為《六朝麗指》一書的核心觀點。本章以《六朝麗指》「駢散合一」論為著眼點，先梳理這一文章理論議題的歷史發展脈絡，進而闡析其理論內涵，並尋繹其學術意義。就理論內涵而言，一方面孫德謙認為駢散兼行以氣韻勝，能兼具疏逸與清晰的行文特點，故具有師法的典範價值；另一方面孫德謙從辨體思想著眼，故針對有關駢體義界及所謂「正格」進行釐清，從中理解孫德謙欲為駢體澄清長期被視為僵滯病癥的用心。最後則歸結孫德謙駢散合一理論的學術意義。

　　第四章　《六朝麗指》論氣韻及其與駢文創作之關係：

　　「氣韻」是六朝文最為凸顯的美學特徵，也是《六朝麗指》另一項核心觀點。故本章先針對氣、韻及氣韻的意義與觀念進行辨析，探討氣韻所代表的文學特質；其次根據孫德謙的觀點，分析六朝文之體貌，具體詮釋所謂「氣韻幽閒，風神散蕩」的特質；最後則探討氣韻與句式手法之間關係，如巧用虛字，穿插於句中調節，以添動宕之美；駢散兼用，活絡純粹駢體的僵滯體式，以暢疏逸之氣；潛氣內轉，使文理於內在的開合轉折中，依然銜承自如，故文氣疏緩而不迫促；另外則是利用斷字訣、岔入句、足句法、收縮法等，增加語意表達效果。從這些創作觀點，對於今日重新審視六朝的文學價值而言，當能發揮一些借鑒意義。

第五章　《六朝麗指》論駢文之用典：

本章將《六朝麗指》書中有關用典的見解加以綜理，除揭舉孫德謙所論六朝文用典的特殊性之外，主要闡釋申論「運典五例」的意涵，探討各類型所舉的具體文例；並且從創作的角度，來看駢體用典卻不致於僵化板滯的法則與規律。其用典之論雖非面面俱到，涉及層面卻頗為多元，立論也自成體系，有一定的理論深度，對於審辨六朝駢體的正面價值及用典的創作指導而言，深具重要的借鑒意義。

第六章《六朝麗指》在駢體文學史視角下的幾點觀察：

本章透過六朝駢體文學史的視角，探討《六朝麗指》內容觀點所發揮的文學史論的學術意義。本章主要從六朝駢體文學發展脈絡之勾勒、六朝作家評論之審美取向以及六朝文摹寫形容風習之凸顯等三方面，考察孫德謙對於六朝文學闡述重點及評價等相關問題，從中彰顯《六朝麗指》在六朝駢體文學史上所呈現的理論視野及意義。

第七章則為結論，綜合前述各章研究所得與成果，並略加評議。

最後，有關本書徵引《六朝麗指》原典之體例，附帶兩點說明如下：

第一，《六朝麗指》全書共一百則，就內容篇幅而言並不算多，書中各條目雖均各自獨立，但前後論點又時常互有關聯，為期論旨完整，各章在引用《六朝麗指》原典時，依闡述佐證之需要徵引取材，未完全迴避重複徵引。

第二，本書徵引《六朝麗指》原典，均以臺北新興書局影印「四益宦刊本」（1963 年 11 月出版）為據，所標註頁

碼均為原刊本版心之編碼，並依原包背裝頁面區分右、左。行文凡徵引原典，均將出處頁碼直接括註於引文之後，不另加當頁註。

第二章　《六朝麗指》駢文理論與《文心雕龍》之關係

一、前　言

　　劉勰（464－522）懷抱「標心於萬古之上，送懷於千載之下」（《文心雕龍・諸子》）的著述之志而作《文心雕龍》，總結往代昔賢的論文成果，廣泛且系統地關注文章各個層面的問題，無疑為古代文章學論著中的佼佼者，對後世文論發展確實也發揮相當大的啟發與影響力，故享有「作者之章程，藝林之準的」[1]之譽；而專從駢體文學的角度來看，《文心雕龍》理論亦具有特殊的學術意義，如駢文史學者認為：

> 其中有許多內容是針對駢文而言的，涉及駢文的起源論、文體論、風格論、作家論、創作方法論及駢文史觀等，幾乎涵蓋了駢文批評的各個方面，不僅對已有的批評觀點作了系統、深入的發展，而且又展開了新的論題，具有明顯的繼往開來之義。……

1　語見〔明〕張之象刻本序，引見楊明照：《增訂文心雕龍校注・下》（北京：中華書局，2000 年 8 月），附錄〈序跋第七〉，頁 958。

使駢文批評呈現較為清晰的面貌，所以可將《文心雕
龍》視為駢文文章學建立的標誌。[2]

可見就駢文批評方面而言，《文心雕龍》繼往開來的理論價
值及樹立駢文文章學標誌的學術定位也深受肯定，為後世駢
體文學研究提供了深入豐富而有系統的借鑒途徑。

《六朝麗指》則是民國時期學者孫德謙（1869—1935）
集多年駢文研究心得的「文話」論著，旨在探討並歸結「六
朝之閫規密裁」[3]，當代學者以為其書「宛然一部六朝駢文
史」[4]，在清末駢文理論批評研究成果中已佔有一席之地。駢
文史學者劉麟生（1894—1980）曾推崇「其書抉摘精微，發
前人之所未發」[5]，日本學者古田敬一（1921—）也讚譽云：
「清朝的六朝文專論書，《六朝麗指》應居首位，其論點的
恰切，分析的精細，是沒有超過這本書的」[6]，均對此書獨創
性的文論成就持高度肯定態度。然而有一些值得進一步思考
的問題，如：理論的進展通常有其脈絡，多半不會前無所承
即憑空突然產生，故所謂「精微」、「發人所未發」的獨創
性是否有所取資？「論點的恰切」是否承繼發展前人論述成
果造就而獲致？《六朝麗指》一書之立論，是如何接受或參

---

2 引見奚彤雲：《中國古代駢文批評史稿》（上海：華東師範大學出版
　社，2006 年 10 月），頁 21。
3 引見《六朝麗指・自序》。
4 引見莫山洪：〈論駢文理論的歷史演進〉，《上饒師範學院學報》24
　卷 2 期，2004 年 2 月，頁 71。
5 引見劉麟生：《中國駢文史》（臺北：臺灣商務印書館，1990 年 12
　月臺六版），頁 157。
6 引見古田敬一著、李淼譯：《中國文學的對句藝術》（臺北：祺齡出
　版社，1994 年 9 月），第七章〈孫德謙的駢文論〉，頁 495。

據借鑒《文心雕龍》？兩書雖體系、性質各自不同，但其間是否有潛在的學術淵源關係？應如何看待這跨越時代的學術淵源與意義？這些問題仍有待進一步考察。

　　《文心雕龍》及《六朝麗指》兩書相距逾一千四百年，文學發展趨勢與時代思潮雖然迥異，著作的性質、體例及架構也截然不同，理論觀點固然無法充分對應，也較難進行全面性、比較式的探究。然而兩書面對的都是「麗辭之興」的時代，兩人也極為關切六朝駢體文學發展之問題，也都以「文章學」的角度，總結了六朝文學的創作經驗及規律，故兩書文論理應存在著相當程度的互應與關聯性，故相當值得進行釐析探討。先從孫德謙論評《文心雕龍》的兩則話語來看：

> 《文心》一書，包舉歷代，上自三古，窮源竟委，成一家言，真為日月不刊之作。〈時序〉、〈才略〉又能於一篇之中，評其得失，靡不該備。乃一則曰：「閱之於世，故略舉大較。」一則曰：「宋代逸才，辭翰鱗萃，世近易明，無勞甄序。」致使讀六朝文者，無從窺測。雖彥和沒於梁時，而自梁以前，於〈時序〉篇內，亦列宋世文才，要未詳覈也。余嘗引以為憾事。（頁十七左）

> 其古今隱括，體用圓該，東莞《雕龍》，可云殆庶。然宋齊而下，不復詳言，則以世近易明，無勞甄序，六朝盛藻，嗣響尟聞。將師曠知音，且期異代；惠施妙處，未獲傳人，意者豈其然乎？[7]

---

7 引見《六朝麗指‧自序》。

可顯見孫氏對《文心雕龍》「包舉歷代」、「體用圓該」之
理論成就高度推崇，然而孫氏對《文心雕龍》論文止於宋齊、
未能詳覼宋世文學，其後又無承緒繼起之作，後學難進窺六
朝文之門徑，頗表遺憾，故在認可推讚之餘，也隱約流露出
自期能成為劉勰異代知音與傳人之意。這樣引據《文心雕龍》
而衍生的評述，似乎正好可作為考察《六朝麗指》與《文心
雕龍》文論關係的一個起始點。孫德謙在《六朝麗指・自序》
曾明確表達麗辭駢體當「上規六朝」的觀點，並作為理論前
提，同時亦謂「沿波者討源，理枝者循幹」，為全書立論溯
源流、找根據，然此二語即明顯化用了《文心雕龍》「沿波
討源，雖幽必顯」（〈知音〉）、「整派者依源，理枝者循
幹」（〈附會〉）的文句，孫氏對《文心雕龍》之熟稔與接
受情形，於此亦可見一斑。

　　再者，其他學者對兩書之間的學術關係亦略有致意，如
馮煦（1842－1927）在為《六朝麗指》作序時指出孫德謙此
書不僅「祖子桓之述文，抗士衡之詮賦」，而且「甄綜異同，
叶殊徵於吐鳳；掎摭利病，邁絕作於雕龍」[8]，其意即在讚譽
《六朝麗指》一書可與曹丕〈典論論文〉、陸機〈文賦〉相
提並論，並有超邁《文心雕龍》之特出成就，故足以為「來
學之津逮」，兩書學術價值能否相提並論，當然仍有可議空
間，尤其馮氏「邁絕作於雕龍」之語，或為形成駢語，或許
基於為人作序，讚評難免過譽，故未必持平。然據此看來，
兩書在文論學術成就上的關鍵性其實頗有類似之處。李倩倩

---

8 引見馮煦《六朝麗指・序》。

碩士論文《孫德謙六朝麗指新探》中專設一章討論孫德謙的
學術淵源，並就《六朝麗指》對《文心雕龍》的徵引進行統
計及探究，指出：

> 《文心雕龍》有許多關於駢文的批評，是對宋齊以前
> 駢文發展的一個總結。孫德謙論六朝駢文就必然要
> 參考《文心雕龍》中的許多批評理論，並結合整個南
> 北朝創作的實踐，對其中的某些觀點提出了商榷，
> 從而完善了六朝駢文批評理論。據筆者統計，《六朝
> 麗指》一書稱引《文心雕龍》達 22 次，涉及到創作
> 論、駢文論、駢文發展史論、文體論等各個方面。[9]

指出了《六朝麗指》立論對於《文心雕龍》的借鑒和商榷，
而其所指稱引二十二次，頻率可謂相當高，更顯見兩書之間
不可忽略的關聯性，故該論文也從駢文定名、駢文史論、文
體論等方面，探討孫德謙對劉勰觀點的繼承、發展、補充與
創新。駢文學者于景祥也有類似的看法，並以為《六朝麗指》
一書的理論性質與《文心雕龍》關係密切：

> 《六朝麗指》是孫德謙駢文理論的代表作，是《文心
> 雕龍》之後有關駢文理論批評的力作。本書論述的範
> 圍，從六朝駢文的總體氣韻、風格，到具體的作家
> 作品、形式體制、創作方法等等，勝義頗多。然而

9　詳可參見李倩倩：《孫德謙六朝麗指新探》（石家莊：河北師範大學
　　碩士論文，2013 年 6 月），第三章「從《六朝麗指》引書看孫德謙的
　　學術淵源」，頁 26-31。

> 認真考究，我們發現其中許多論斷都是以《文心雕
> 龍》為理論支柱的。[10]

明確指出《六朝麗指》以《文心雕龍》為重要的理論參據，
並且在文中綜合整理「《六朝麗指》徵引《文心雕龍》作為
理論支柱一覽表」[11]，列舉包括：論駢散結合、論駢體與四
六之異、論駢文與賦之關係、論駢文之誇飾、論駢文之事對、
論文章體製、論宋文尚新奇之風、論六朝之山水文、論六朝
駢文與小學、論駢枝、論六朝駢文與魏晉文關係、論文筆、
論論人之文、論遊戲文體、論駢文名稱之始等相關文句多達
十五則，並據以指出：「在這麼多論題上都以《文心雕龍》
為理論支柱，所受影響之大，自不待言。」[12]其書在此雖然
僅採羅列《六朝麗指》原典方式舉證兩書之間理論的關聯
性，未予進一步析論，且就實際關聯而言，可能尚不僅止於
此，但對於兩書關係的研究，確實提供了初步也較為具體的
觀察點。

　　《六朝麗指》與《文心雕龍》兩書之間的理論關係，當
屬駢體文學研究史範疇中的重要論題。然要確實分析兩書之
間的淵源關係或影響，卻不是一件易事。故屢經考量，擬從
文句的徵引襲用情形，以及理論觀念暗合互應兩種可能性進
行綜合考察。前者「師其辭」，必然直接而明顯，後者「師
其意」，較顯得間接而隱微。由文句徵引襲用情形來看，大

10　引見于景祥：《文心雕龍的駢文理論和實踐》（北京：中華書局，2017
　　年12月），第四章〈文心雕龍在駢文史上的影響〉，頁456-457。
11　參見于景祥：《文心雕龍的駢文理論和實踐》，頁457-461。
12　引見于景祥：《文心雕龍的駢文理論和實踐》，頁462。

致能看到《六朝麗指》對《文心雕龍》理論概念接受情形之一斑；而從其理論觀念暗合或延伸闡述之處著眼，則更能有助於進一步理解《六朝麗指》立論與《文心雕龍》之間潛在的學術淵源關係。本章為討論之便，將結合此兩種情形，並兼顧體用，主要從駢文體裁（體）及駢體作法（用）兩個方面切入，嘗試循藉「沿波討源」之法進行考察，同時兼顧兩書的文學觀點，具體呈現兩書之間的理論脈絡及對應情形，兩書的關係或許也能「雖幽必顯」。

二、從駢文體裁論看《六朝麗指》與《文心雕龍》之關係

駢與散原本僅是文章範疇內語言體式之分，但歷代學者對於駢散相對關係的討論，卻不絕如縷，從唐、宋以至於清代，崇駢、尚散兩派從持論立場不同，更進而演變為門戶之見、意氣之爭，彼此壁壘分明，其對立爭勝之勢已形同文學論戰。直至晚清，駢散關係已從並峙對立之交鋒，復歸於合，駢散交融或合一之論也漸成為文章思潮的普遍認知。孫德謙身處此一學術背景，以融通務實的眼光看待駢散分合關係，從駢體的本質來正視六朝文的價值，對於釐清文學史對六朝文學之成見而言頗有重大意義。《六朝麗指》書中有關駢文名義之釐清、駢文體製之辨正等文章體裁問題，均有相當明確的論述，以下即加以析論，並嘗試找出與《文心雕龍》理論觀點對應之處。

（一）明辨體裁與囿別區分

　　文筆之分是南朝時對文章體類區分的觀念，劉宋時文家也多習慣將文筆分別指稱有韻之文及無韻之筆，[13]劉勰亦依循此例，加以開展，以「論文敘筆，則囿別區分」（〈序志〉）的基本原則，建構《文心雕龍》的文章分類體系。劉勰謂「文場筆苑，有術有門」，又云：

> 今之常言，有文有筆，以為無韻者筆也，有韻者文也。夫文以足言，理兼詩書，別目兩名，自近代耳。（《文心雕龍·總術》）

可見以有韻／無韻來區分文章體裁，實為當時學術常見慣例。文筆兩分雖是較為粗略的一種體裁分類方法，但卻為文章分類概念的重要標誌。孫德謙亦採納此一分類觀念，並指出：

> 南北史列傳中，皆載「文筆若干篇」。余初不知所謂，後讀《文心雕龍》，始知文筆者，為有韻、無韻之別。及讀梁簡文〈與湘東王書〉有云：「近世謝朓、沈約之詩，任昉、陸倕之筆，斯實文章之冠冕，述

---

13 王運熙、楊明《魏晉南北朝文學批評史》根據《宋書·顏竣傳》、《宋書·顏延之傳》引文指出：「結合上引『竣得臣筆，測得臣文』以及范曄『手筆差易，文不拘韻』之語，可以斷定劉宋初年人們已經習慣於用『文』『筆』分指有韻之文和無韻的實用性文章了。」參見王運熙、楊明：《魏晉南北朝文學批評史》（上海：上海古籍出版社，1989年6月），頁189-194。

作之楷模。」乃知自詩而外，凡文皆謂之筆也。（頁
五十六右～左）

此亦可略見《文心雕龍》對孫德謙釐清文學觀念之影響。其
中「自詩而外，凡文皆謂之筆」，詩是抒情性的韻文，雖不
能涵括全部的有韻之文，但與筆相對，此認知與劉勰甚或六
朝當時文筆觀念一致。根據以上諸說，可知當時文筆之分，
意義仍單純，並未有指涉駢散之意。

　　孫德謙嘗謂：「文雖小道，體裁要在明辨也」（頁三左），
因此他相當重視體裁名義的異同與區辨。如特別強調駢體與
四六、賦體指涉並不相同，故不宜混淆，其謂：

> 駢體與四六異。四六之名，當自唐始。……《文心雕
> 龍・章句篇》雖言「四字密而不促，六字格而非緩」，
> 此不必即謂駢文，不然，彼有〈麗辭〉專論駢體，何
> 以無此說乎？吾觀六朝文中，以四句作對者，往往
> 祇用四言，或以四字、五字相間而出。至徐、庾兩
> 家，固多四六語，已開唐人之先，但非如後世駢
> 文，全取排偶，遂成四六格調也。彥和又云：「今之
> 常言，有文有筆，以為無韻者筆也，有韻者文也。」
> 可見文章體製，在六朝時但有文、筆之分，且無
> 駢、散之目，而世以四六為駢文，則失之矣。（頁二）

此段引文主要強調重點有二：第一，「四六」之名不從六朝
開始，而是始於唐代，此係從歷史發展角度著眼；第二，駢
體並不等同於四六，六朝駢體也與後來發展出以四六排偶為

主的駢文不同。此論用意在申明六朝文長短迭用、駢散兼行，與制式規律的四六、駢體不可混為一談，應該加以區隔。其中不但根據《文心雕龍・總術》「無韻者筆也，有韻文者文也」之說指出六朝文體裁僅有文筆之分，區分無關駢散，另也特別援引《文心雕龍》之論，根據「四字密而不促，六字裕而非緩」之說，證明劉勰當時立論的著眼關鍵在於「麗辭／駢語」，並非專針對駢文而發，以凸顯「駢體」與「四六」從名義到實質，均有明顯區別。「四六」是從駢體句式特徵歸結而來，有廣狹義之分，廣義可泛指駢文，為駢文之代稱，而狹義則為句式規律定型化的四六駢體，孫德謙所謂「四六」即採狹義。《六朝麗指》全書最後一則，也仍然回到駢文界義問題，孫德謙指出：

> 或問曰：駢文之名始於何時？……以《文心》言，則謂之「麗辭」，梁簡文又謂之「今體」，唐以前卻無駢文之稱。自唐以後，李義山自題《樊南四六》，宋王銍所著為《四六話》，謝伋又有《四六談麈》，明王志堅所選之文，亦言《四六法海》，當是並以四六為明矣。其實六朝文祇可名為駢，不得名為四六也。證之《說文》，「駢」訓「駕二馬」。由此類推，文亦獨一不成。劉彥和所云「造化賦形，支體必變，神理為用，事不孤立」，即其說也。（頁七十右～左）

此亦從《文心雕龍》以「麗辭」指稱、梁簡文帝蕭綱以「今體」指稱為例，再次強調唐以前屬於駢語，並無駢文之名，並明確指出「六朝文祇可名為駢，不得名為四六」；至於孫

德謙釐清《文心雕龍》所謂「麗辭」係指文章表現形態或修辭方式而非指體裁，也頗能符合劉勰文論原意。

再者，有關駢文與賦體之間關係的釐清，孫德謙基於麗辭之修辭方式亦廣泛運用於賦體之中，故再以《文心雕龍》書中〈詮賦〉和〈麗辭〉各自設篇為據，提出辨體觀點如下：

> 賦固駢文之一體，然為律賦者，局於官韻，引用成語，自不能不顛倒其字句，行之駢體，則不足取矣。……駢文宜純任自然，方是高格，一入律賦，則不免失之纖巧。吾觀《文心雕龍》，〈詮賦〉與〈麗辭〉各自為篇，則知駢儷之文，且不同於賦體矣。（頁三右～左）

> 劉彥和〈詮賦〉云：「六藝附庸，蔚成大國。」是殆風、騷而後，漢之文人，胥工於賦，而獵其材華者，不能不取賦為規範。故六朝大家，宜其文有賦心也。（頁十三左）

《文心雕龍・詮賦》謂：「賦也者，受命於詩人，而拓宇於楚辭也。」就文學演變的觀點來看，辭賦早於駢體。然孫氏在此處指出「賦固駢文之一體」，又以為「駢儷且不同於賦體」，觀點似乎頗有矛盾，然結合上述所論，並細究其義，可知孫氏認為賦體雖為駢文之先導，但也視為廣義的駢文，但兩者不同之處，即在於駢文追求自然表現，不像律賦頗受官韻格律拘束，而易流於纖巧之弊。故他一方面力持推崇六朝文的立場，謂：「欲救律賦之弊，多讀六朝文，必能知之，

誠以律賦興於唐，六朝尚無此體矣」；另一方面又以為賦體
事材豐華藻富，足可為六朝文家軌範。至於此處提及「文有
賦心」，蓋指六朝文家在創作之際援用賦的寫作方法入駢
體[14]，如藉排偶、鋪采、渲染等方式盡情描繪，使駢體表達
與賦手法接近，而這也正是六朝賦體駢化（駢賦／俳賦）的
特徵。綜合而言，可知孫德謙認為駢體不應如律賦為格律所
牽制，而賦與駢體麗辭兩者之間實有相含、相承，又相互借
鑒的關係。

　　此外，《文心雕龍》論古今文體，其中有關體製之發展
已力求窮竟源流，體類之包羅亦已相當宏富，然仍難免有未
能周備殆盡之處，故孫德謙對此頗有關注，特別用考證之視
角來予以修正或補遺。如對「連珠」體之考察，孫德謙指出：

> 連珠之體，彥和謂肇始揚雄，此說不然。或謂源於
> 韓非〈儲說〉，斯得之矣。以吾考之，其體刱於《鄧
> 析子》，又非出自韓非也。（頁五十九左）

孫氏針對劉勰「揚雄覃思文閣，業深綜述，碎文璀語，肇為
連珠」（《文心雕龍·雜文》）之說，提出修正之論，指出
「連珠」體於春秋時已有，實創始於《鄧析子》，並舉書中
〈無厚篇〉章句為例，據以論斷連珠體並非源於韓非。范文
瀾（1893—1969）曾對孫氏此說提出辨駁，其說云：

---

14 參閱王榮林：〈論孫德謙六朝麗指中的「文有賦心」〉，《戲劇之家》
　　2016 年 12 期（總 239），頁 264。

> 按鄧析子出戰國時人假託，今之存者，又節次不相
> 屬，掇拾重編而成。(《四庫提要》語)孫氏所舉兩條，
> 玩其文辭，不特非春秋戰國時人所能作，即揚雄連
> 珠，亦視此為質木，安可據以為連珠之體春秋時已
> 有之哉？[15]

范文瀾此說從《鄧析子》屬偽託之書及文辭不類兩項理由以
駁，以為春秋時未必已有連珠體，亦頗能成理，故孫氏持論
是否確當，仍有待商榷，然從中可見孫氏對於劉勰文體源流
觀點多有關注。至於孫德謙對「墓誌」及「序」兩體之考察，
持論論調則頗有近似之處，亦可作為探究兩書關係的參考點。
關於「墓誌」體，孫德謙徵引諸書考辨其體，明確指出「此
體始作於宋」、「考古者或謂創於兩漢，或謂三代已有，其
說皆非無據，吾意名之為誌者，則自宋為然耳」，認為此體
始作時代或有異說，然墓之銘名為「誌」者，實始於南朝宋，
據此進而謂：

> 彥和論文，無體不備，若往古早有此體，彼豈獨遺
> 之？（頁六十一右）

其次，關於「序」體，孫德謙以為古人著書多有其例，並對
此體進行源流之考察，六朝時期則如：

> 昭明序《陶靖節集》，劉孝綽序《昭明太子集》，虞
> 炎序《鮑明遠集》，他若《庾子山集》則有滕王序之，

---

15 引見范文瀾：《文心雕龍注·雜文第十四》（臺北：宏業書局，1982
年9月），頁 260。

> 可謂極一時之盛矣。至沈約《宋書》、魏收《魏書》，
> 以及酈道元《水經注》、裴松之父子之《史記》《三
> 國志》注，序皆為其自著，文則均以駢體行之，詳明
> 條例，而仍成章斐然，為難能也。（頁六十三右）

然因《文心雕龍》並未收錄此體，故孫德謙指出：

> 吾獨怪彥和論文，諸體悉備，而遺此序體，何哉？
> （頁六十三右）

此處所列兩體性質皆屬駢文，均為孫德謙承繼劉勰對古今體
類囿別區分、原始表末之理論精神所提出的創獲之見，可見
他對文體辨析之事甚為重視，立論也常以《文心雕龍》為參
據，故屢屢論及。

（二）取法乎上與正末歸本

六朝駢體風習興盛，遍及各種體類文書，作品數量也甚
為眾多，孫德謙謂：

> 六朝駢體之盛，凡君上詔敕，人臣章奏，以及軍國
> 檄移，與友朋往還書疏，無不襲用斯體。至於立言
> 傳世，其存於今者，若梁元帝《金樓子》、劉畫《新
> 論》、顏之推《家訓》，其中皆用駢偶，《新論》則
> 全書盡然。若劉舍人專論文字，更不待言矣。蓋亦
> 一時風尚，有以致此。閒嘗誦習其文，道鍊雋逸，
> 使人玩繹不厭，後之學為駢文者，此數家書安可不
> 讀哉？（頁三左）

孫氏在此舉列學駢書目，其中即特別標舉劉勰《文心雕龍》
為學駢文者不可不讀之書，並以為文辭具有「遒鍊雋逸，使
人玩繹不厭」的優點，故屢次在書中強調應以六朝文為取法
之本的觀點，如：

> 駢體文字，以六朝為極則。作斯體者，當取法於此。
> 有志斯文者，當上窺六朝，以作之準，不可逐末而
> 忘其本。（頁一左～頁二右）

> 作為文章，固當兼學漢唐，以論駢體正宗，則宜奉
> 六朝為法。（頁三十一右）

> 若志在肄習駢文，則不可不宗師六朝，何也？六朝
> 者，駢家之軌範，所謂取法乎上也。（頁四十右）

將六朝文章推為駢體取法之極則，顯然有極力彰顯六朝文章
價值、為後世駢體樹立典則的深切用意，更進一步來看，其
「取法乎上」、務絕逐末忘本之習的學術價值觀，雖然未必
可明確推斷是受何人何論影響，但與《文心雕龍》標舉「窮
高以樹表」的經典為宗，力倡「正末歸本」的文學觀點頗有
旨趣相通之處。

　　劉勰身處駢體麗辭盛興但又「離本彌甚，將遂訛濫」（〈序
志〉）的時代，面對「競今疏古，風末氣衰」（〈通變〉）
的南朝唯美創作風習，頗感憂慮，故亟思對應之法。於是劉
勰在「詳其本源，莫非經典」（〈序志〉）的前提下，為文
章體製追溯源流，標舉「宗經」理想，期藉經典所立下恆久
不刊的典範理想，提供當世或後世創作者皆有可取資遵循的

規準，故「秉經以製式，酌雅以富言」（〈宗經〉）正是劉
勰提出富有積極性的文學主張。關於此種「以歷史考察的方
式，為文體的功能及創作、批評，尋求理論依據」的體源批
評，顏崑陽指出其方法的系統特色謂：

> 在方法上，先確立一套文體價值的層級性判準，判
> 定各家品位的高低，橫向建立幾個最高的「典範體
> 式」，以為一切文體依歸的本原，然後加入先後時序
> 的概念，以「源」「流」串連為統緒。既達到評價，
> 又建構傳統。[16]

「體源批評」可說是六朝文學批評的一項特點，除了任昉
《文章緣起》、摯虞《文章流別論》、鍾嶸《詩品》等之外，
《文心雕龍》正是其中的典型代表。因此，標舉「典範體
式」為文體依歸，不僅是當時批評的趨勢，也成為一種批評
的系統與方法。從這角度來看待《文心雕龍》「正末歸本」
的為文用心，就更能充分理解劉勰為何堅持徵聖宗經立場，
並將五經視為最合乎文體理想的典型範式的意義。顏崑陽對
此有云：

> 劉勰對於楚漢以來，文體解散，流弊不還的焦慮非
> 常強烈。因此，「正末歸本」，重新反省文學本質、
> 功能，樹立典範、建構傳統，以供創作者之依循，

---

16 引見顏崑陽：〈六朝文學「體源批評」的取向與效用〉，《東華人文
　　學報》，3 期（2001 年 7 月），頁 31。

就是他寫《文心雕龍》的最重要企圖。而〈宗經〉的
「體源批評」正是實現這企圖的主要入路。[17]

由此可見「宗經」正是貫徹文體理想的樞紐與途徑。《六朝
麗指》與《文心雕龍》同樣面對駢體麗辭盛興的文學環境，
在關切駢體文學發展問題的同時，也都從「建言」的理論面
和基礎面，以「沿波討源」的原則總結六朝時期文學的創作
規律，兩書分別採取「取法乎上」與「正末歸本」的理論精
神來為文學創作尋求「典範體式」。孫德謙讚許文體原於六
經的觀點，所循理據，主要即為《文心雕龍》及《顏氏家訓》
的宗經體源之論，孫氏指出：

> 文章體製，原本六經，此說出之六朝，其識卓矣。
> 《文心·宗經》曰：「論說辭序，則《易》統其首；
> 詔策章奏，則《書》發其源；賦頌歌讚，則《詩》立
> 其本；銘誄箴祝，則《禮》總其端；紀傳銘檄，則《春
> 秋》為根。」《顏氏家訓·文章篇》曰：「夫文章者，
> 原出五經：詔命策檄，生於《書》者也；序述論議，
> 生於《易》者也；歌詠賦頌，生於《詩》者也；祭祀
> 哀誄，生於《禮》者也；書奏箴銘，生於《春秋》者
> 也。」所言雖有異同，而以文體為備於經教則一，可
> 見六朝之尊經矣。……而劉舍人、顏黃門兩家，獨
> 識文字之原六經，無體不具，前此未有言之者，猶
> 可賤視六朝乎？（頁二十二左～二十三右）

---

17 同上注，頁 32-33。

《文心雕龍》及《顏氏家訓》兩說均將後世文體推原於經典，紀昀雖評其「涉於臆創」[18]，然其實正是傳統尊經意識的一種體現，劉永濟（1887－1966）對此說法也指出：

> 此固歷代尊經所致，而經文自有典則，足為後人楷模，實其真因也。[19]

孫氏雖未根據劉勰之說再做開展討論，但對其說「六朝之尊經」、「獨識文字之原六經」充分肯定，一方面以為是六朝文體論的一大創獲和成就，另一方面則有正視六朝文學價值的深切用意，也為不得任意鄙薄六朝文之持論立場提供有力理據。孫德謙亦在其他著作中亦對劉勰尊經、為文體溯源之觀點有所闡述，其謂：

> 〈宗經〉一篇，則知箴銘諸體，無不本於六經，其識卓矣。而於詩賦各家，悉為之窮竟源流，……後之為學者，苟欲究文章源流，舍此則未有得也。[20]

此一評述觀點，也正可與《六朝麗指》所論對應。

---

18 紀昀：「至劉勰作《文心雕龍》，始以各體分配諸經，指為源流所自，其說已涉於臆創。」詳見〔清〕永瑢、紀昀：《四庫全書總目提要·集部·總集類》（臺北：臺灣商務印書館，1985年），卷192，頁17。

19 引見劉永濟：《文心雕龍校釋》（臺北：華正書局，1981年10月），頁6。

20 孫德謙《劉向校讎學纂微·敘源流篇》，引見楊明照：《增訂文心雕龍校注·下》（北京：中華書局，2000年8月），附錄〈品評第二〉，頁662。

三、從駢體作法論看《六朝麗指》與
《文心雕龍》之關係

　　駢體是一種馳騁形式美感，充分展現藻麗文采的文章體製，駱鴻凱（1892－1955）曾指出駢體有四大形式特點，並歸納發展的進程謂：

> 駢文之成，先之以調整句度，是曰裁對；繼之以鋪張典故，是曰隸事；進之以煊染色澤，是曰敷藻；終之以協諧音律，是曰調聲。持此四者，可以考迹斯體演進之序。[21]

于景祥《中國駢文通史》也提出近似之論，並更進一步從駢體四項特點與六朝文學演進的關係上著眼，其謂：

> 這四種特徵在形成上並不是整齊畫一的，而是有一個漸次的發展過程的。簡而言之，魏晉以前文章便產生大量駢詞儷句，而魏晉時期，隨著文學的自覺思潮的出現，在講究駢偶的同時又著力追求詞采與藻飾，而且使事用典也較以前有所發展，時或出現借喻與隱喻。由晉而宋，駢文的發展則比較集中地表現在用事用典之上。到了齊梁時期，隨著音韻學

---

21 引見駱鴻凱：《文選學・讀選導言第九》（臺北：漢京文化事業，1982年10月），頁311。

的研究與發展，駢文在對偶、藻飾、用典之外，又
加上了對聲韻美的追求，詞采也更加華麗繁富。[22]

凡此可見裁對、隸事、敷藻、調聲這四大形式要素最具普遍
性，也最受駢文研究學者留意，故成為考察六朝駢體特徵的
重要面向。

《文心雕龍》雖不專針對駢儷技巧立論，然劉勰從文學
創作基本原理的高度著眼，探討文術創作各方面問題，對後
世駢體作法之論亦能有諸多啟發。唯《六朝麗指》在聲律方
面較偏重在氣韻範疇，指出駢體因文氣表現舒緩，因此宜注
意緩讀、輕讀等要點，觀點較未有明確可與《文心雕龍》對
應之處，本文暫不另單獨列點討論。故以下主要從裁對、隸
事及敷藻的角度，依序分項探討《六朝麗指》與《文心雕龍》
對於駢體作法方面所開展出的論述內涵，並嘗試比較及對
應，以釐清兩書觀點或理路上所呈現的相關性。

（一）奇偶相生與迭用奇偶

儷偶裁對是駢體的基本要素，也是決定文體歸屬於駢或
散的關鍵條件，後世駢散關係的討論也多從此處著眼，並開
啟了唐宋以下以迄晚清、民初的駢散門戶之爭，孫德謙對此
學術議題指出：

自唐昌黎韓氏剙造古文，學者翕然從之，於是別自
名家，遂以六朝駢文作鴻溝之劃。其甚者執東坡八

---

22 引見于景祥：《中國駢文通史》（長春：吉林人民出版社，2002 年 1
月），頁 22。

代起衰之說，卑視六朝，黜為俳優。近世桐城一
派，且以對偶辭句不得搖其筆端，為古文之大戒。
（頁一右）

孫德謙以為六朝文雖以駢偶見長，但其實文無分駢散，駢偶
也不應成為六朝文受到卑視的原因，故《六朝麗指》第一則
開宗明義即根據《易·繫辭》所云「物相雜，故曰文」之理，
明確指出「文須奇偶相生，方成為文」，並揭示「駢散合一
乃為駢文之正格」（頁二十六右），可說是《六朝麗指》一
書立論的核心觀點。因此，書中屢次強調文章不宜全駢或全
散，應兼用駢散的論點，其意在於避免形式之僵滯，並凸顯
駢儷文章的氣韻和神采，證驗六朝文實有善處。他說：

作駢文而全用排偶，文氣易致窒塞，即對句之中，
亦當少加虛字，使之動宕。（頁十右）

文章之分駢散，余最所不信。何則？駢體之中，使
無散行，則其氣不能疏逸，而敘事亦不清晰。（頁十
九右）

夫駢文之中，苟無散句，則意理不顯。……應駢中
有散，如是則氣既疏緩，不傷平滯，而辭義亦復軒
爽。（頁二十五左～二十六右）

孫德謙以為即使是駢體，亦當避免運用過多僵化的駢儷句
式，若全用排偶，易使文氣窒塞，難產生流暢疏逸之感，因
此主張兼用散句、虛字作為調節，即可發揮活絡篇章血脈，

並使表意更為流利清晰的效果。而不論用散行句法或者加上
虛字，目的在有利於自然氣韻的展現。孫德謙認為「駢文宜
純任自然，方是高格」，又云：

> 《齊書・文學傳論》曰：「放言落紙，氣韻天成。」
> 此雖不專指駢文言，而文章之有氣韻，則亦出於天
> 成，為可知矣。（頁十左）

可見孫德謙主張駢體以自然渾成之氣韻見長，故「自然」成
為其審美理想。劉勰也認為一味堆砌辭藻，缺乏生動之氣，
則麗辭也勢必呆板平滯，難以避免庸冗之病，其云：

> 若氣無奇類，文乏異采，碌碌麗辭，則昏睡耳目。
> （〈麗辭〉）

氣奇采異，當是使辭章經營擺脫「碌碌麗辭」，能更接近氣
韻審美理想的必備條件。再就麗辭句法的經營來看，屬對本
身須求工穩，但這就不免帶些人為刻意的成分，因此孫德謙
認為應當可用「漸近自然」的原則來看待：

> 既是駢文，字句之間，當使銖兩悉稱。……竊謂句
> 對宜工，但不可失之湊合，或有斧鑿痕，當如孟嘉
> 所謂「漸近自然」，則得矣。（頁六十八右）

對句雖應求「銖兩悉稱」，但仍宜避免過於矯作或勉強湊合，
孫德謙為期通篇氣局之自然，以寬對的標準來看待裁對之
法，使對偶用事亦能在「漸近自然」下，達到兼具裁對藝術

與表意的效果。此處所謂「漸近自然」，用晉孟嘉之典[23]，係指用事當求超然脫俗以呈現氣韻之意。據以上孫氏所述以考察《文心雕龍》之論述重點，劉勰在自然審美觀的立論前提下，強調「自然會妙」（〈隱秀〉），因此從麗辭的發生到運用要領，均以自然的規律為宗，亦即在自然中體現雕飾之美，此處亦可看到兩書理論觀念的呼應。如〈麗辭〉云：

> 造化賦形，支體必雙，神理為用，事不孤立。夫心生文辭，運裁百慮，高下相須，自然成對。

並指出：

> 必使理圓事密，聯璧其章，迭用奇偶，節以雜佩，乃其貴耳。（〈麗辭〉）

劉勰一方面將文學推原於自然，以為麗辭實受客觀的自然世界啟發，是由「造化」或「神理」所生成造就，因此「自然成對」正是麗辭運用的基本精神；另一方面，劉勰鑑於歷史發展及聖人經典早已存在「豈營麗辭，率然對爾」、「奇偶適變，不勞經營」的麗辭實例，且以順應情意表達為要，造句非屬刻意經營，進而歸結出「迭用奇偶，節以雜佩」的要旨，主張奇偶互用、駢散結合，以解決文氣阻滯不暢的問題，可作為麗辭運用之準則。由此可見，《六朝麗指》與《文

---

23 事見《晉書・列傳第六十八・王敦桓溫傳》：「嘉好酣飲，愈多不亂。溫問嘉：『酒有何好？而卿嗜之？』嘉曰：『公未得酒中趣耳。』又問：『聽妓，絲不如竹，竹不如肉，何謂也？』嘉答曰：『漸近使之然。』一坐咨嗟。」引見〔唐〕房玄齡等：《晉書・列傳第六十八》清乾隆武英殿刊本（清光緒五洲同文局石印本），卷七十八。

心雕龍》均崇尚麗辭，以自然天成為貴，孫德謙主張「奇偶相生」與劉勰主張「迭用奇偶」，兩人立論要旨相當近似，對於駢散奇偶應結合、交替互用的態度相應，故孫德謙受《文心雕龍》觀點之啟發，亦由此可見一斑。

（二）從「重出駢枝」到「化駢為散」

就麗辭裁對時易生之瑕病來看，劉勰具體歸結有麗辭四病，如重出、不均、孤立及庸冗，其中重出尤為四病之首。正對運用以「事異義同」為旨，而重出則是「事同義同」而造成詞義重出複疊之現象，如同詩家所謂「合掌對」，《文心雕龍·鎔裁》亦云：「一意兩出，義之駢枝也；同辭重句，文之肬贅也」，即是指對句意義上的駢贅，從劉勰所舉兩則實例來看，如張華詩：「遊鴈比翼翔，歸鴻知接翮」以及劉琨詩：「宣尼悲獲麟，西狩泣孔丘」，前者鴈、鴻同類，比翼、接翮同義，皆並翅而飛之意；後者宣尼即孔丘，獲麟、西狩意指同事，均屬辭複意疊，故劉勰以為裁對重出。

孫德謙對此類駢句重出現象，除依憑《文心雕龍》論點予以延續討論，主張避免駢枝之病外，並進一步從駢散關係上提出解決之道，其云：

> 李延壽《北史·文苑傳序》：「曲阜之多才多藝，監二代以正其源，闕里之性與天道，修六經以維其末。」「曲阜」「闕里」相對，使彥和見之，必致譏也。《文心·麗辭篇》：「劉琨詩言：宣尼悲獲麟，西狩泣孔丘。若斯重出。即對句之駢枝也。」故知李

氏此序，以「曲阜」對「闕里」，真是重出而駢枝矣。
夫駢體重出，同於駢枝，則不足稱賞，吾觀六朝作
者無此失也。推延壽之用意，極是歸崇先聖，然何
不去「曲阜」、「闕里」四字，而於其句上行以散體？
或言：孔子之聖，固天攸縱，則決無駢拇枝指之患
矣。六朝諸家，於無可屬對者，往往化駢為散，即
使兩句相對，而不嫌其重沓者，或事非一人，或時
分兩代，極之意雖從同，而於用字則有判別。沈休
文〈為武帝與謝朓敕〉：「璧帛虛往，蒲輪空歸。」
下一「往」字、「歸」字，亦不使傷於複出。夫駢文
誠不可無對偶，然豈可率爾操觚耶？（頁四十四左～
四十五左）

此段引文以《北史・文苑傳序》的「曲阜」「闕里」這一聯
對句為例，指出「駢體重出，同於駢枝」，故從崇尚駢散兼
行的創作觀點來看待，主張循自然之理則，認為若在正對無
法達成「事異義同」的要求時，則以「於無可屬對者，往往
化駢為散」，不宜率爾操觚，執意追求工整儷偶，故有時表
達亦可考量以散代駢以變通之，如此當可避免駢枝冗贅以及
意義之重沓複疊。其說既認定駢體尚對偶之特點，但也針對
《文心雕龍》對句重出而致駢枝之瑕病，進一步延伸談及解
救之道，這對駢體裁對技巧的經營而言，當屬既謹重又通達
的創作觀念。

（三）從「並舉人驗」到事對之法

　　偶對及用事是駢體最顯著的行文特色，但同時也容易產生文病，也最為人所訾議，如錢鍾書（1910—1998）指出：

> 駢體文兩大患，一者隸事，古事代今事，教星替月；二者駢語，兩語當一語，疊屋堆床。[24]

因此，一談及駢體創作，論者也多會對此類問題加以關注，前一小節闡述偶對重出所造成「疊屋堆床」問題，此節則論隸事之法。關於隸事用典，劉勰依據有無用事及命意正反兩方面，將麗辭分為四類：「麗辭之體，凡有四對」，其有難易優劣之分，《文心雕龍‧麗辭》云：

> 言對為易，事對為難，反對為優，正對為劣。言對者，雙比空辭者也；事對者，並舉人驗者也；反對者，理殊趣合者也；正對者，事異義同者也。……偶辭胸臆，言對所以為易也；徵人資學，事對所以為難也。

裁對常需引用人事典故，因此，「並舉人驗」之際，必需「徵人資學」方能搭配成對，此對文家才學自然是一大考驗，也較純粹出自胸臆不用典事的言對為難，孫德謙即指出：

> 語曰：「文翻空而易奇。」以此言之，文章之妙，不在事事徵實，若事事徵實，易傷板滯。後之為駢文

者，每喜使事，而不能行清空之氣，非善法六朝者
也。（頁五十三左）

此處「文翻空而易奇」，即明引劉勰所謂：「意翻空而易奇，
文徵實而難巧」（《文心雕龍‧神思》），藉以說明為文若
事事徵實，受用典之牽制，文章就勢必流於板滯，難以自由
暢達。然劉勰「意翻空而易奇」之說原意在描述創作時極力
馳騁文思的精神狀態，並非用以討論使事用典之旨，也無反
對用典之意，與孫德謙此處引用之意並不相同，故此句屬於
化用。再者，孫德謙並不認同隸事過密，且以為事對之裁成
當有彈性，故更進一步根據劉勰事對之說延伸並舉證，指出
六朝文章實際上也未必皆運用嚴整工對。其謂：

> 劉彥和云：「事對者，並舉人驗也。」蓋言事對之
> 法，上下當取古人姓名以作對偶耳。其下引宋玉〈神
> 女賦〉云：「毛嬙鄣袂，不足程式；西施掩面，比之
> 無色。」以為並舉人驗，所以為事對者如此。乃吾讀
> 六朝文則不然。庾子山〈周柱國長孫儉神道碑〉：「思
> 皇多士，既成西伯之功；俊德克明，乃定南巢之
> 伐。」西伯，人也；南巢，則地也。以地對人，六朝
> 自有其例，彥和「人驗」之說，亦可不拘矣。至傅季
> 友〈為宋公修楚元王墓教〉：「甘棠猶且勿翦」，「信
> 陵尚或不泯」，則且以人、物作對，何在必舉人驗
> 哉？然而對切求工，彥和要為正論也。夫駢文之
> 難，往往有一事可舉，而貧於作對者，於是上為古

> 人，或借地名、物名，強為之對，此則莊子所謂「無
> 可如何」耳。（頁九左～頁十右）

孫德謙一方面認為「對切求工」屬裁對之正則，但另一方面
仍從寬對、循順自然的立場，認為在貧於作對時，亦無需勉
強或拘執不變，可以容許些許彈性，故人名亦得與地名、物
名相對，如所舉例證中，「西伯之功」與「南巢之伐」為人
名對地名，「甘棠猶且勿翦」與「信陵尚或不泯」則為物名
對人名，類似狀況或許早已為普遍狀況，也是一種可行的事
對變通之法。然在劉勰「事對所先，務在允當」的基本原則
下，所謂的「並舉人驗」，是否即為必須「上下當取古人姓
名以作對偶」？關於孫德謙提出這個界定及詮釋，學者提出
不同看法，如王益鈞嘗對此說加以辨析，以為孫氏可能略有
誤解，他指出：

> 劉勰所謂「人驗」，其實並不等於人名，而是指某人
> 的言行事跡；他強調「並舉」的事義必須「允當」、
> 優劣相得就行了，「兩事相配」，是為事對。因此，
> 事對之中不一定要用人名，而實際上劉勰也沒有要
> 求「上下當取古人姓名以作對偶」。然而，之所以有
> 這樣的誤會，良由劉勰所舉的例子中恰有「毛嬙」和
> 「西施」這兩個人名為對之故，……但他以通達的態
> 度強調在「貧於作對」和事義相稱的前提下，作家們
> 實不必拘泥於形式，地名、物名、人名都可以互借
> 為對。不過，孫氏強調這只是無可奈何的妥協，他
> 認為「對切求工」才是駢文之正道。孫氏也許誤會了

> 劉勰的有關事對的定義，但他對事類配對的原則，
> 顯然與劉勰最終還是合轍的。[25]

的確，劉勰所謂「並舉人驗」未必須以人名為對，而是後世
駢論以對切求工為唯一準則，以「的名對」[26]之對仗基本規
律要求凡人名亦必須相對，故孫氏特在此針對嚴格工對之說
提出補充修正，並指出事對之法仍以通達為要，無需過度拘
泥。此處細究劉勰舉例實義，對孫德謙之說提出辨正，但仍
認為兩者論點原則上其實仍屬「合轍」，由此也正可顯見《六
朝麗指》立論與《文心雕龍》觀點的相關性。

（四）從「訛勢所變」到取新之法

　　駢體除講究裁對、用事等形式技巧之外，也一向重視敷
藻，在遣詞造句上追求新變，其正面效果是可藉修辭以「煊
染色澤」，但仍難免在飛靡弄巧之際造成「訛勢」的負面效
應。因此孫德謙在回顧六朝文發展趨勢，體察此一創作現象，
特別詳予討論，而其立論的出發點及主要依據，仍然歸諸《文
心雕龍》。孫德謙云：

> 《文心·通變篇》：「宋初訛而新。」謂之「訛」者，
> 未有解也。及〈定勢篇〉則釋之曰：「自近代辭人，

---

25 引見王益鈞：《孫德謙駢文理論研究》（香港：香港中文大學中國語
　　言及文學課程碩士論文，2006 年 12 月），第三章第二節，頁 84。
26 「的名對」又稱正名對、正對、切對，是指同類之物相對，屬於對仗
　　的基礎方式，在《文鏡秘府論》中列為二十九種對之第一，詳參王利
　　器：《文鏡秘府論校注》（臺北：貫雅文化事業，1991 年 12 月），
　　頁 262-265。

率好詭巧，原其為體，訛勢所變，厭黷舊式，故穿
鑿取新。察其訛意，似難而實無他術也，反正而
已。故文反正為乏，辭反正為奇。效奇之法，必顛
倒文句，上字而抑下，中辭而出外，回互不常，則
新色耳。」觀此，則「詭」之為用，在取新奇也。顧
彼獨言「宋初」者，豈自宋以後，即不然乎？非也。
〈通變篇〉又曰：「今才穎之士，刻意學文，多略漢
篇，師範宋集。」則文之反正，喜尚新奇者，雖統論
六朝可矣。聞之魏文有言：「文章經國之大業，不朽
之盛事。」文而專求新奇，為識者蚩鄙，在所不免。
然而論乎駢文，自當宗法六朝，一時作者並起，既
以新奇取勝，則宜考其為此之法。（頁二十九右～左）

此處主要從「宋初訛而新」之時代文風評價予以詮釋並釐清，
一在闡釋「訛」之來由原意在於刻意造成語句的新奇感，另
則指出此「訛而新」之風實可用以統論六朝，不僅在劉宋。
故駢文要宗法六朝，當需考究此法在六朝之運用情形。依循
劉勰之意，「訛」主要表現在「反正」，亦即運用「上字而
抑下，中辭而出外」顛倒文句的手段，以製造「回互不常」
的新奇之感，但劉勰對此僅提及現象而未舉實例，孫德謙則
予以延伸闡述，將趨新之法分為「詭更文體」、「用字之訛」
及「顛倒文句」三類，並補充列舉實際文例，以見取新之道，
其實正可作為劉勰之論的註腳。以下根據孫氏所舉文例以略
見取新之法實情，首先如詭更文體之例：

韋琳之有〈鱓表〉，袁陽源之有〈雞九錫文〉，並勸進，是雖出於游戲，然亦力趨新奇，而不自覺其訛焉者也。（頁三十右－左）

此處所舉韋琳〈鱓表〉及袁淑〈雞九錫文〉均屬於詼諧戲謔性質的文章，在《文心雕龍》大致歸屬於「諧讔」的體類範疇。蘇瑞隆概括此兩文要旨謂：

袁淑的〈雞九錫文〉是以模仿嘲弄「九錫文」為主的遊戲文章。……「九錫文」是魏晉以降改朝換代之際，篡位的權臣要求文人所寫作的一種華麗典贍的文體。其目的在以天子的口吻敘述贊揚篡位者的功績，然後晉爵封侯，賜以九種殊禮。……袁淑的〈雞九錫文〉用雞來作為接受九錫的對象，全篇用詞用典都以雞為中心。……韋琳的〈鱓表〉，以鱔魚身份上表，將滿朝文武說為一桌好菜。[27]

可見其藉表這類原本肅穆莊重文體來刻意製造遊戲諧謔的效果，屬文之變體，故謂「詭更文體」是趨新的一種作法。

　　其次，為用字之訛者，係刻意運用特殊字詞以見新奇，劉勰對此現象亦頗為關注，除上述〈通變〉、〈定勢〉提及外，另〈指瑕〉指出：

---

27 引見蘇瑞隆：〈漢魏六朝俳諧賦初探〉，《南京大學學報：哲學・人文科學・社會科學》2010 年 5 期，頁 127-128。

> 晉末篇章，依希其旨，……斯實情訛之所變，文澆
> 之致弊。而宋來才英，未之或改，舊染成俗，非一
> 朝也。

此即指陳正晉宋之際，文人為求新而刻意逞辭，時而意義模
稜不明，並以訛傳訛，故薰染積習成風尚，此是為文之訛，
亦為文中之瑕。至於具體文例，則如孫德謙謂「有不用本字，
其義難通，遂使人疑其上下有關文者」的代字現象，其所列
舉幾則實例：

> 任彥昇〈為范始興作求立太宰碑表〉：「阮略既泯，
> 故首冒嚴科。」「故」即「固」字，自假「固」為「故」，
> 而文意甚明者，轉至不可解矣。此亦新奇之失，訛
> 於一字者也。又〈北山移文〉：「道帙長殯，」此「殯」
> 字借為埋沒意，且其文究非移檄正格，猶可說也。
> 而江文通〈為蕭拜太尉揚州牧表〉：「若殞若殯。」
> 《說文》：「殯，死在棺，將遷葬柩，賓遇之。」今
> 文果從本義，則殯為死矣。章表之體，理宜謹重，
> 何必須此「殯」字，蓋亦惟務新奇，訛謬若此也。以
> 上二者，皆係用字之訛，以為苟不如此，不足見其
> 新奇耳。（頁三十右）

例中將「固」改用「故」字、將「埋」改用「殯」字，屬於
駢體文假借代字現象，較難用文字本身意義去解釋，「苟不
如此，不足見其新奇」正切中了當時不得不然的鍊字求奇之
風習。王夢鷗（1907—2002）對此種鍊字習氣析論云：

> 奇字法並非揚雄製作太玄經那樣「以艱深文其淺
> 陋」，而只是把通俗簡易的字義加以曲解使用，但亦
> 因此取新而轉訛。……不過使用這種奇字，大半是
> 為著避免陳濫重複，因此遇到相同的用處便改變其
> 一二字。[28]

從而可見刻意運用深僻代字的主要動機。孫德謙對六朝駢體
慣用的代字法頗有關注，其略謂：

> 夫文之有假借，即代字訣也。……凡文用代字訣，
> 均是避陳取新之道，六朝文中類此者至多。……從
> 事駢文而不識代字之訣，則遣辭造句何能古
> 雅？……故求生僻，亦失之。（頁十六左～十七左）

代字法即類於今日所謂借代修辭。孫德謙認為駢體用代字法
能發揮避陳取新的作用，可使遣辭造句更顯古雅，但仍不宜
惟務新奇以免失之生僻，對正式體裁尤宜謹重。駱鴻凱（1892
－1955）亦指出此法由來已久，並有明確的修辭需要及效應：

> 託始於卿固，中興於潘陸，顏謝繼作，綴輯尤繁。
> 而溯其源起，大氐由文人厭顯舊語，欲避陳而趨
> 新，故課虛以成實。抑或嫌文辭之坦率，故用替代
> 之詞，以期化直為曲，易逕成迂。雖非文章之常
> 軌，然亦修辭之妙訣也。[29]

---

28 引見王夢鷗：〈漢魏六朝文體變遷之一考察〉，收入《傳統文學論衡》
　　（臺北：時報文化出版公司，1987年6月），頁107-108。
29 引見駱鴻凱：《文選學·餘論第十》（臺北：漢京文化事業，1982年
　　10月），頁356。

據此可見代字用法對文句所產生陌生化、避陳趨新的修辭效果，且已成相當普遍的趨勢。劉麟生對運用代字所產生的正負面效應，指出：

> 孫隘堪謂：「六朝工於鍊字，有戛戛獨造之妙。」此語信然。文人好奇，深嫉庸熟，於是走入用字生僻之一途，或造句過於琢鍊，不免有損氣勢，則又矯枉過正矣。此雖六朝駢文，要亦不能免也。[30]

鍊字以求新固然為六朝創作趨勢，但矯枉過正即難免有生僻之弊，故需特別講究文字之遣用，因此孫德謙指出六朝作家多擅長小學，其云：

> 文章之妙，必通小學，此劉彥和氏所以〈鍊字〉一篇，別用討論乎？其言曰：「善為文者，富於萬篇，貧於一字，一字非少，相避為難。」然則學為駢文，其可不攻小學乎？六朝駢文之工，亦其小學擅長也。（頁三十九左）

> 凡其善於鍊字者，必深通字義，倘字義不明，敢輕下一字乎？（頁五十三右）

其一為了避免文字平庸，再者為了避重複，故語彙務求豐富，這也就需憑藉「深通字義」的小學造詣。尤其上述引文在列

舉《隋書·經籍志》所著錄六朝時期重要音韻文字專書時[31]，便順帶談及劉勰在《文心雕龍》設〈練字〉篇之緣由，並在論述時引用其中關鍵文句，更可明顯看出孫德謙對《文心雕龍》關注甚深，且其觀念時有近似之處。

第三，為顛倒文句者，此即劉勰對「訛而新」文學風習中主要的「反正」之法，孫德謙所舉諸例，正可作為劉勰論點的註腳。孫德謙指出：

> 鮑明遠〈石帆銘〉：「君子彼想」，恐是「想彼君子」，類彥和之所謂顛倒文句者。句何以顛倒？以期其新奇也。又庾子山〈梁東宮行雨山銘〉：「草綠衫同，花紅面似。」其句法本應作「衫同草綠，面似花紅」，今亦顛之倒之者，使之新奇也。（頁三十左）

其中所舉「君子彼想」、「草綠衫同，花紅面似」，均為顛倒語序之例，主要在刻意為文句製造新奇的效果。但孫德謙也從體裁的觀點對此「反正」之法提出進一步的辨正，謂：

> 或曰：銘為韻文，所以顛倒者，取其音叶，其說似也。以吾言之，律賦有官韻，無可如何，而顛倒其文句，既非律賦，凡為駢偶文字，造句之時，可放筆為之，無容倒置。然則此銘兩句，其有意取訛

---

31 《六朝麗指》第五十一則列舉六朝小學名著云：「以六朝言，周興嗣、蕭子雲各為《千字文》，吳恭則有《字林音義》，顧野王有《玉篇》，阮孝緒有《文字集略》，顏之推有《訓俗文字略》，均載《隋書·經籍志》。而《志》又著錄梁楊休之《韻略》一卷，沈約《四聲》一卷，此蓋言音韻之書也。在晉宋之際，文士齊名者則為顏、謝。按《隋志》，顏則撰《詁幼》，謝則撰《要字苑》。」引見頁三十九左～右。

> 者，亦好新奇之道也。其餘「則哲」、「如仁」之類，
> 一言蔽之，不離乎新奇者近是。雖然，《記》有之：
> 「情欲信，辭欲巧。」《禮》家且云爾，又何病夫新
> 奇哉？（頁三十左）

本論文前引「為律賦者，局於官韻，引用成語，自不能不顛
倒其字句，行之駢體，則不足取矣」，此處謂「既非律賦，
凡為駢偶文字，造句之時，可放筆為之，無容倒置」，其要
旨一在辨析律賦與駢文體製有本質之別，一在強調駢體之文
追新逐奇傾向，實由於修辭求美心理，未必皆為文病，其要
在於「放筆為之」，順循自然，不被動受到形式拘牽，也不
一味趨近適俗而標新立異。可見為文追求新奇並不是問題，
訛與新的關鍵當在於是否能得體、適切表達文意，具體而言，
即劉勰所謂：

> 密會者以意新得巧，苟異者以失體成怪。舊練之
> 才，則執正以馭奇；新學之銳，則逐奇而失正。
> （《文心雕龍‧定勢》）

劉勰認為：「愛奇之心，古今一也。」（〈練字〉）可見只
要能在「意新得巧」的前提下「執正馭奇」，新奇未必皆成
訛病。孫德謙對為文追求新奇之道的見解，抱持開放寬容但
審慎接受的態度，也正與劉勰觀點呼應。

（五）從「苟馳夸飾」到形容之法

夸飾是一般作家替作品辭采增色的修辭技巧，也是為駢

體敷藻的重要環節，，孫德謙認為駢文多用誇飾之辭以刻畫
事物形態特徵，是所謂「窮形抒寫，極渲染之能」（《六朝
麗指・自序》）。他以形容之法來界定誇飾，其說本於汪中，
謂：

> 汪容甫先生《述學》有〈釋三九〉篇，其中篇云：「若
> 其辭則又有二焉：曰曲，曰形容。」「所謂形容者，
> 蓋以辭不過其意，則不愨，故以形容出之。」可知其
> 深於文矣。《文心雕龍・夸飾》：「言高則峻極於天，
> 言小則河不容舠。」嘗引《詩》以明夸飾之義。吾謂
> 夸飾者，即是形容也。《詩經》而外，見於古人文字
> 者，不可殫述。（頁五右）

孫德謙將汪中《述學》的「形容」與《文心雕龍》的「夸飾」
聯繫並觀，以為夸飾即是形容，其相通之處在於刻意使辭過
其意，達到修飾文辭的目的。這類的修飾技巧，或許言過其
實，但如同《文心雕龍》所引《詩經》「崧高維嶽，駿極於
天」（〈大雅・崧高〉）、「誰謂河廣，曾不容刀（舠）」
（〈衛風・河廣〉）之例，其用意在盡致的形容，與據實的
書寫記錄不同。是故又據以指出：

> 《尚書・武成篇》：「罔有敵於我師，前徒倒戈，攻
> 於後以北，血流漂杵。」此史臣鋪張形容之辭。《孟
> 子》則謂「盡信《書》不如無《書》」，「以至仁伐
> 不仁，而何其血之流杵？」夫《書》為孔子所刪定，
> 孟子豈欲人之不必盡信哉？特以《書》言「血流漂

杵」，當知此為形容語，不可遽信其真也。遽信其
真，不察其形容之失實，而拘泥文辭，因穿鑿附會
以解之，斯真不善讀書矣。故通乎形容之說，可以
讀一切書。而六朝之文，亦非苟馳夸飾，乃真善於
形容者也。（頁六右）

以上闡述重點主要可從三個方面進一步說明：其一，結合上
引「《詩經》而外，見於古人文字者，不可殫述」之論，以
及從《尚書》等經書中取例說明鋪張形容之辭由來已久，且
早已普遍存在，此與劉勰所謂「文辭所被，夸飾恆存」之立
論觀點如出一轍，且其中「血流漂杵」之例，亦取用《文心
雕龍・夸飾》：「倒戈立漂杵之論」為例；其二，讀者當善
體形容之法，切莫拘泥於文辭本身而「遽信其真」，此則可
與劉勰謂「辭雖已甚，其義無害」之旨互相印證；其三，孫
氏強調六朝文「非苟馳夸飾，乃真善於形容者」，既是對六
朝文藝術價值的肯定，也藉以釐清辨析六朝駢體作品善於形
容的修辭特點，與劉勰所謂「心非鬱陶，苟馳夸飾，鬻聲釣
世」（《文心雕龍・情采》）的「為文而造情」之作有別，
兩者在創作本質及動機上並不相同。

綜合以上論述來看，孫德謙相當重視六朝文的藝術性，
他認為通曉形容之法實為「深於文」不可或缺的重要門徑，
尤其取資借鑒於《文心雕龍》「夸飾」之論述及文例頗多，
由此亦可顯見兩書立論理據上的關聯。

四、結　語

　　清代是中國傳統學術總結的時期，舉凡詩文、詞曲、小說及戲曲等各領域的研究論著，均有顯著而重要的成果，誠如文學批評史研究歸結所云：

> 二百多年時間內，文學批評名家輩出，流派紛呈，理論著作和單篇論文資料異常繁富。清代是傳統文化學術總結和集大成的階段，文學批評也呈現出這樣一個特點。[32]

蔣凡也曾指出：

> 清代的文學也像學術一樣，具有一種包融、綜合的特徵，雖然未必有多少獨創性，但卻可以說是整個古典文學的總結。……要舉清代文學的「一代之勝」，則文學批評必當之無愧。無論是文獻數量之豐富，還是理論、技術水準之高，前代都無可儔比。[33]

可見清代文學批評的成就及分量，足堪為一代之勝，其不僅是往代學術成果的綜合積澱，對於文論研究內涵的深化而言，也發揮重大意義。而孫德謙所著《六朝麗指》，正是清

---

32 引見鄔國平等：《清代文學批評史》（上海：上海古籍出版社，1995年11月），緒論，頁1。
33 此為蔣凡為呂雙偉《清代駢文理論研究》所作之序，引見《清代駢文理論研究‧序》（北京：人民出版社，2011年8月），序頁1。

末民初駢文理論批評成果的代表著作，其廣泛而切要關照了
駢體各面向的問題，為六朝麗辭開展、歸結出的創作理則，
無疑是傳統文學研究成果中的重要資產，值得予以重視。如
于景祥《中國駢文通史》所評：

> 孫德謙之宗法六朝，確實得其神髓，不同於一般之
> 生吞活剝者流。平心而論，孫德謙的這種駢文理論
> 和創作成就在傳統駢文的歷史上是該有一席之地
> 的，因為他較之其他傳統駢文家要開明得多，見識
> 也更深刻一些。[34]

駢體文學的創作，在今日時勢環境下，已難再現發展生機，
然駢體文學提供的創作經驗，仍彌足珍貴，具有啟發性。若
從駢體理論的視野予以回顧，《六朝麗指》不僅其獨具的學
術意義可受到肯定，其書理論之淵源、觀點內涵之詮釋，仍
皆為駢文史範疇中值得進一步探索的學術課題。

　　本章探究《六朝麗指》駢文理論與《文心雕龍》兩書之
關係，主要從體裁名義的考辨、體源理據的推求、駢體作法
的開展等幾個面向切入，透過比較的方法，進行辨析，從中
發現孫德謙《六朝麗指》或多方參據借鑒引用《文心雕龍》
的文句，或對《文心雕龍》觀點予以辨正、補充及延伸，兩
書不僅文學觀念相近、理路相通，甚至沿襲之處也甚多，茲
將主要考察重點簡要歸結如下：

（一）體裁名義區辨：《六朝麗指》頗為重視體裁名義的異

---

34 引見于景祥：《中國駢文通史》（長春：吉林人民出版社，2002 年 1
　　月），頁 1031。

同與區辨，認為六朝文與「駢體」、「四六」不可混為一談，故也根據《文心雕龍》概念，釐清所謂「麗辭」為文章表現形態或修辭方式，而非指體裁。另外，《六朝麗指》也以《文心雕龍》書中〈詮賦〉和〈麗辭〉各自設篇為據，來釐清駢文與賦體之間關係，提出辨體觀點。

（二）補論文章體裁：《六朝麗指》對《文心雕龍》所論古今文體未能周備殆盡之處，特別予以考證，並作為修正或補遺，如連珠、墓誌及序體等，而孫德謙考察文章體裁所獲得的創見，蓋即承繼劉勰對古今體類囿別區分、原始表末之理論精神。

（三）推本宗經思想：《六朝麗指》主張「取法乎上」、務絕逐末忘本之習的學術價值觀與《文心雕龍》以「窮高以樹表」為則，力倡「正末歸本」的文學思想觀點旨趣頗有暗合相通之處。

（四）駢散迭用觀點：《六朝麗指》與《文心雕龍》均崇尚麗辭，故創作以自然天成為貴，孫德謙主張「奇偶相生」與劉勰主張「迭用奇偶」，兩人立論要旨近似，對於駢散奇偶應結合、交替互用的態度相近且相應。

（五）裁對重出問題：《六朝麗指》針對《文心雕龍》裁對重出論點予以延續討論，主張避免駢枝之病外，也從駢散關係上提出解決之道。

（六）事對變通之法：《六朝麗指》根據《文心雕龍》「事對者並舉人驗」之說進行延伸討論並舉證，指出六朝文章未必皆用人名為對之嚴整工對，並指出事對之法

仍可變通，從中亦見《六朝麗指》立論與《文心雕龍》
觀點的相關性。

（七）為文取新之法：《六朝麗指》與《文心雕龍》均關注
六朝「訛而新」的文風，《六朝麗指》更進而延伸闡
述，分類探討趨新之法，補充列舉實際文例，以見取
新之道，可作為《文心雕龍》論述的註腳。

（八）形容夸飾技巧：《六朝麗指》認為鋪張形容之法與《文
心雕龍》「夸飾」之法近通，故取資借鑒於《文心雕
龍·夸飾》之論述及文例頗多。

　　由上述所列舉各點，均明顯可見《文心雕龍》的理論視
野確實影響了《六朝麗指》之立論，兩書時代雖相隔一千四
百多年，但兩者之間的理論脈絡及對應情形相當明顯，其學
術淵源關係當可充分確認。而透過兩書關係的考察，《六朝
麗指》其書在駢體文學史上的重要性也可有較明確的定位。

第三章 《六朝麗指》駢散合一說的理論內涵及其學術意義

一、前 言

　　民國初年，政治、社會、教育、文化各層面，在西方思潮大量湧進之際，均面臨急遽變革，人心求新思變，傳統文學的價值遭遇極大衝擊與挑戰。新文化運動的倡議者，大力推動語體文，改革傳統文學，因而極力批判舊文體，否定文言的正宗性。古文尚且被視作阻卻進步的障礙，駢體則更不免被視為使文學形式僵化的病癥，而多為學者以「俳優黜之」[1]。於是駢文學者起而辯駁反擊，力圖維護傳統文學的尊嚴，從駢散本非對立、應借鑒駢體藝術優點的前提上建立折衷論調，維護駢文合理的藝術地位。孫德謙的駢文理論專著——《六朝麗指》，即在這樣新舊文化交替的時代背景下誕生。

　　孫德謙承繼清人駢文論述的基礎，推尊六朝文為典範，

---

1 孫德謙《六朝麗指‧自序》：「語乎六朝富豔，方且俳優黜之。」引見《六朝麗指》，自序頁一左。

以駢散兼行者為正格，闡揚駢散合一之論[2]。駢文史學者劉麟生（1894－1980）即謂：

> 孫德謙著《六朝麗指》，推重氣韻，泯駢散之爭，其書抉摘精微，發前人之所未發。[3]

孫氏雖非駢散合一論的首暢者，所論也非一人之獨特創見，然其持論對駢散之分能兼備多方，折衷群言，所開展之觀點亦精微切要，不僅是駢散論爭的調和者，更可謂是清代以來駢散合一論的重要歸結者，足可視為六朝文章研究上的一大進展，故值得加以釐析探論。然其駢散合一說之背景為何？此說何以謂為《六朝麗指》重要的核心論點？其論點有何特色？與前人論述有何不同？今日如何看待及評估此論之學術意義？此大致為本章所涵括之探討範圍。本章將以《六朝麗指》「駢散合一」之論為研究中心，探討其理論內涵，並期能從這一文章議題的脈絡著眼，進一步尋繹其所延展出的學術意義。

2　日本學者鈴木虎雄《駢文史序說》一文中曾指出孫氏「提倡駢散合一說，其實質不過是駢散兼行」，故有將「駢散兼行」與「駢散合一」相混同之誤解現象，文詳參莫道才：〈駢文的含義、涵蓋的範圍以及駢散合一問題 —— 鈴木虎雄《駢文史序說》節譯〉，《駢文研究與歷代四六話》（瀋陽：遼海出版社，2005 年 11 月），頁 229-230。而本章所謂「駢散合一」係援用孫氏書中語彙（如頁二十六左：「駢散合一乃為駢文正格」），並整體考量歷代論述脈絡及孫德謙立論原意，故實涵括「駢散兼行」、「駢散融（結）合」之意，因此筆者以為「駢散合一」非欲取消駢散分隔之謂也，亦並未與「駢散兼行」混淆。

3　引見劉麟生：《中國駢文史》（臺北：臺灣商務印書館，1990 年 12 月臺六版），頁 157。

二、從對立到融合：清代駢散合一說的
衍生與發展

　　漢魏以前，文章並無明顯駢散之分，實所謂「儷古並存」、「以古意為文，而間用儷辭，依散體行氣，而雜進偶句」[4]的時代。漢魏以降，文章體製則漸趨嚴整，至六朝而漸達極峰，駢儷創作體式成熟，已取得獨立地位，駢與散也開始有分道揚鑣之勢。從對六朝創作風氣持批判態度者來看，如梁裴子野（469－530）〈雕蟲論〉謂：

> 爰及江左，稱彼顏、謝，箴繡鞶帨，無取廟堂。……自是閭閻少年，貴遊總角，罔不擯落六藝，吟詠情性。學者以博依為急務，謂章句為專魯，淫文破典，斐爾為功。無被於管弦，非止乎禮義；深心主卉木，遠致極風雲。其興浮，其志弱，巧而不要，隱而不深。[5]

隋李諤亦指出：

> 江左齊梁，其弊彌甚，貴賤賢愚，唯務吟詠，遂復遺理存異，尋虛逐微，競一韻之奇，爭一字之巧。

4　引見陳松雄：〈儷古並存之原因〉，《東吳中文學報》11 期（2005 年5 月），頁 40。

5　裴氏之文引見：《魏晉南北朝五代文論選》（北京：人民文學出版社，1999 年 1 月），頁 325。

> 連篇累牘，不出月露之形；積案盈箱，唯是風雲之
> 狀。[6]

此對六朝文章的批評，或謂其「淫文破典」、競奇爭巧，一味追求形式的風習，或指陳其「志弱」、「尋虛逐微」的虛浮之弊，然主要係從文風變異，或悖離禮義教化及經典等因素著眼，並未明顯就駢散之文章體製進行優劣區分，雖有抨擊時文之意，然尚無所謂反駢的理論觀點。

南北朝時，駢散尚未對立，但創作時的交融兼用，係循文學常理。如劉勰（464－522）、顏之推（531－591）即對駢散結合問題提出明確主張，劉勰謂：「迭用奇偶，節以雜佩」（《文心雕龍‧麗辭》），正有參合奇偶，融之為一體的用意；顏之推亦謂：「今世音律諧靡，章句偶對，諱避精詳，賢於往昔多矣。宜以古之製裁為本，今之辭調為末，並須兩存，不可偏棄也。」[7]古散體為本，今駢體為末，兩者可並存，亦有兼重駢散之意。然此說目的尚不在於為駢散對立之論折衷，卻針對寫作常理而發，可視為後來駢散合一說的重要理論依據。

唐宋之際，輒因六朝以降駢儷體製更趨於注重字句的雕琢、形式的絢麗，內涵空洞不夠深刻而為人詬病，陳子昂（661－702）以為「文章道弊五百年」，蘇軾（1037－1101）斥為

---

6 〔隋〕李諤：〈上隋文帝論文書〉，《隋書》（臺北：臺灣商務印書館，2008 年 5 月），卷 66，頁 699。
7 引見〔北朝〕顏之推撰、王利器編：《顏氏家訓集解‧文章第九》（臺北：漢京文化事業，1983 年 9 月），頁 250。

「八代之衰」[8]，已僵化的駢儷文體被古文家視為衰弊而拒斥的對象。經過兩次古文運動的大力革新，古文在「重道輕文」的思潮主張中，終於成為正統，駢體則大受衝擊，並漸為散體所取代，宋以降駢體則演化出「駢四儷六」的四六之體，並普遍為牋啟之類的應酬公牘文書所用[9]，從此駢散異途分轍，壁壘也更加分明。

當駢散不再混同一體而歧道各行，此疆彼界漸為涇渭分明，即正意味著這項文章研究主題的成形。是故駢散關係的討論也從此展開，從唐、宋以至於清代、民初，發展歷史相當悠久，且頗為糾結複雜。孫德謙對駢散之爭即謂：

> 自唐昌黎韓氏刱造古文，學者翕然從之，於是別自名家，遂以六朝駢文作鴻溝之劃。其甚者執東坡八代起衰之說，卑視六朝，黜為俳優。近世桐城一派，且以對偶辭句不得搖其筆端，為古文之大戒。（頁一右）

駢、散從單純的文章語言體式問題逐漸複雜化，並演變為門派意識之爭，學者對於駢散分合、揚此抑彼關係之討論，則多因持論立場不同，而聚訟紛紜，「宗散者鄙駢詞為俳優，宗駢者以單行為薄弱」[10]，兩者門戶之見日深，其對立爭勝

8　以上〔唐〕陳子昂語見〈與東方左史虬修竹篇序〉，蘇軾語見〈潮州韓文公廟碑〉。

9　如〔宋〕洪邁謂：「四六駢儷，於文章家為至淺，然上自朝廷命令、詔冊，下而搢紳之間牋書、祝疏，無所不用。」引見《容齋三筆》（北京：中華書局，2005 年 11 月），卷八，頁 517。

10　語出自〔清〕劉開：〈與王子卿太守論駢體書〉，《劉孟塗集》卷二，引自《清代文論選》（北京：人民文學出版社，1999 年 1 月），頁 728。

之勢已形同文學論戰。

　　清代因駢文創作聲勢又盛，名家輩起[11]，佳篇迭出，理論亦日趨成熟。在中葉以後，駢散關係更加受到高度關注。桐城派古文家以繼承韓歐之文為志，標舉義法，力求雅潔，貶抑駢文以振興古文，遂將駢體要素隔絕於文章創作之中。如方苞（1668－1749）主張將「魏晉六朝藻麗俳語」等均排除於古文之外[12]；姚鼐（1731－1815）編選《古文辭類纂》之選錄標準亦有謂「古文不取六朝，人惡其靡也。獨辭賦則晉宋人猶有古人韻格存焉。惟齊梁以下，則辭益俳而氣益卑，故不錄耳」[13]，均對六朝駢詞俳語表達嚴明的反對之意。崇散抑駢的理論立場鮮明，自然容易引發駢體擁護者的反擊。這樣的學術背景，如同王鎮遠謂：

> 這與樸學高度發達，而駢體易於表現才學、填使典實，因而比較受學者型文人喜愛有關，也反映出當時一部分文人寫作文章更加注意追求精純華美的語言藝術的風氣，於是形成了駢體論者對桐城派崇散抑駢的反抗。[14]

---

11 張仁青即曾歸納羅列清代駢文名家如陸圻、尤侗等共六十三人，詳見《中國駢文發展史》（臺北：文史哲出版社，1970年5月），第九章，頁564-568。

12 參沈廷芳：〈書方先生傳後〉，《隱拙齋集》（濟南：齊魯書社，2001年），卷四十一，頁4b。

13 引見《評註古文辭類纂・序目・辭賦類》（臺北：華正書局，1998年8月），頁13。

14 引見鄔國平、王鎮遠：《清代文學批評史》（上海：上海古籍出版社，1995年11月），頁547。

駢體論者對古文的反擊，其中最具代表性及影響力者，當推阮元（1764－1849）。阮元嚴明文言之辨，從淵源、條件等方面確立駢文的正統地位。如從文之淵源而言，在〈文言說〉一文中指出《易‧文言》乃「千古文章之祖」，以證明駢文實為文章最初的體製；從文之義界條件來說，〈文言〉「協音以成韻，修辭以達遠」，具備押韻、平仄、對偶等形式特徵，而這些特徵的結合，正為駢體；相對而言，古文則屬於「單行之語」，「直言之言，論難之語，非言之有文者也」[15]，將古文界定為樸質無華之「言」，並排除在「文」的範圍之外。阮元學術地位高，其論自能發揮一定影響力，使駢文得以與古文爭立正統甚而分庭抗禮，故頗有撼動清代文章以桐城古文為尊之勢。然其獨鍾駢體，將駢體推為文章唯一正宗，歸結出「惟沈思翰藻乃可名之為文，非文者尚不可名為文，況名之曰古文乎」等論述[16]，固然有意針對桐城古文過於強調雅潔而文采不足而發，然持論卻較顯得極端，難免有矯枉過正之感，此類論調雖終未能成為主流，然卻深具重新省思「反駢思潮」的重要學術意義。如學者指出：

> 促使駢文逐漸走出自卑的逆境，並敢於與古文爭勝。
> 這其實是清代駢文中興的更為內在的義蘊所在。[17]

---

15 以上引見〔清〕阮福《文筆考‧文言說》（臺北：世界書局，1979年4月），頁1-2。

16 引見〔清〕阮福《文筆考‧與友人論古文書》（臺北：世界書局，1979年4月），頁4。

17 引見曹虹：〈清嘉道以來不拘駢散論的文學史意義〉，《文學評論》1997年3期，頁112。

與古文家持論壁壘對立，可見極力為騈文爭取生存空間的持論立場。其實古文未必是，騈體也未必皆非，反之亦然。騈文家曾燠（1760－1831）即認為：

> 夫騈體者，齊、梁人之學秦、漢而變焉者也，後世與古文分而為二，固已誤矣。……古文喪真，反遜騈體；騈體脫俗，即是古文。跡似兩歧，道當一貫。[18]

文章並不僅僅憑藉體製形式之要素而加值或減價，故揚散抑騈、古文優而騈體劣之說，其實並無意義。況優秀的騈文亦可有「真」及「脫俗」的價值，未必一切皆遜於古文，因此唯有不完全著眼於騈散形式，正視其實質，並互取其長，方最可為文章正道。

在騈散並尊思潮進展歷程中，袁枚（1716－1797）可謂有開端之功，如在〈胡稚威騈體文序〉一文中指出騈散同源異流，故實不宜將騈體排除於文章之外，其謂：

> 文之騈，即數之偶也。而獨不近取諸身乎？頭，奇數也，而眉目、而手足則偶矣。而獨不遠取諸物乎？草木，奇數也，而由蘤而瓣蕚，則偶矣。山峙而雙峰，水分而交流，禽飛而並翼，星綴而連珠，此豈人為之哉？[19]

---

18 引見〔清〕曾燠《國朝騈體正宗・序》，收錄於《續修四庫全書・集部・總集類》（上海：上海古籍出版社，2002 年），1668 冊，頁 1、2。

19 〔清〕袁枚〈胡稚威騈體文序〉文見於《小倉山房文集》，引自王英志編：《袁枚全集・小倉山房文集》（南京：江蘇古籍出版社，1993年 9 月），卷十一，頁 198。

此從自然事物著眼，近取諸身，遠取諸物，為奇偶並生之理
找到論據，以證明駢儷本身符合自然之美，與劉勰所謂「造
化賦形，支體必雙，神理為用，事不孤立」（《文心雕龍·
麗辭》），立意上頗有異曲同工之妙。但從其他論述上來看，
袁枚仍以為古文中不宜參入駢語：

> 數十年來，傳詩者多，傳文者少，傳散文者尤少，
> 所以然者，因此體最嚴，一切綺語、駢語、理學
> 語、二氏語、尺牘詞賦語、注疏考據語，俱不可以
> 相侵。[20]

袁枚對於駢文定位雖有大力釐清之功，然所論尚未達駢散交
融合一之程度。

孫梅（？－1790）《四六叢話》為清代重要的駢文批評
專著，全書推尊駢文，將《文選》及《騷》列於卷首，以探
本窮源，謂「《選》實駢儷之淵府，《騷》乃詞賦之羽翼」、
「屈子之詞，其殆詩之流、賦之祖，古文之極致，儷體之先
聲」[21]，認為四六與騷、賦、古文不僅關係密切，也實為同
源異流；並以「一畫開先，有奇必有偶」[22]、「立言之旨，
不越情與文而已」[23]等為前提，揭舉「文以意為之統宗；三

---

20 〔清〕袁枚：〈與孫俌之秀才書〉，引自《袁枚全集·小倉山房文集》
　　（南京：江蘇古籍出版社，1993 年 9 月），卷十一，頁 642。
21 前者引見〔清〕孫梅：《四六叢話·凡例》。收錄於王水照編：《歷
　　代文話》（上海：復旦大學出版社，2007 年 11 月），第五冊，頁 4780；
　　後者引見孫梅：《四六叢話·卷三·騷總論》，頁 4284。
22 引見孫梅：《四六叢話·卷二十八·總論》，收錄於《歷代文話》第
　　五冊，頁 4779。
23 引見孫梅：《四六叢話·卷三·騷總論》，收錄於《歷代文話》第五
　　冊，頁 4284。

統遞嬗，尚質亦尚文」[24]的主張，以矯歷來對駢體辭溢於情之病癥，可謂將駢散問題從句式奇偶之爭導向情與文、文與質的實質議題[25]。劉麟生評該書云：「推闡駢文思潮，具有特識，卷首專論詩騷，以明系統，總論調和駢散，以示指歸。」[26]可見其書主張駢散融合的思想是相當凸顯的。

陽湖派李兆洛（1769－1841）所編《駢體文鈔》雖名為「駢體」，但所收錄的秦漢時期古文，與《古文辭類纂》重疊者不少，他以為當時行文駢散夾雜，無分駢散，古文既以秦漢為源，駢文也同樣可以秦漢為本，故「沿其流，極而溯之，以至乎其源，則其所出者一也」，證明駢散同源於秦漢，反對桐城之摒棄六朝而獨尊唐宋,故其書旨在「以六朝為斷，蓋使人知駢偶之文，當師法六朝也。」（頁八右）他又析辨奇偶相互為用之理謂：

> 天地之道，陰陽而已，奇偶也，方圓也，皆是也。陰陽相並俱生，故奇偶不能相離，方圓必相為用，道奇而物偶，氣奇而形偶，神奇而識偶。……吾甚惜夫歧奇偶而二之者之毗於陰陽也，毗陽則躁剽，

---

24 孫梅《四六叢話・卷二十八・總論》云：「善夫東坡之論曰：『入都市而總百貨，必有一物以攝之，故文以意為之統宗。』……極而論之，行文之法，用辭不如用筆，用筆不如用意。」引見《四六叢話》，收錄於《歷代文話》第五冊，頁4780。

25 詳參陳志揚：〈《四六叢話》：乾嘉駢散之爭格局下的駢文研究〉，《文學評論》2006年2期，頁38。

26 引見劉麟生：《中國駢文史》（臺北：臺灣商務印書館，1990年12月臺六版），頁141。

毗陰則沉脮，理所必至也，於相雜迭用之旨均無當
也。[27]

可見文章若能奇偶相雜迭用，乃為佳篇。李兆洛透過實際文
章選本表達駢散同源合一的立場，對於調和駢散主張最為全
面，也發揮極大影響力，《清史稿》即謂：「其論文欲合駢
散為一」[28]。

　　劉開（1784－1824）師事姚鼐，與方東樹、梅曾亮、管
同並稱「姚門四傑」，強調「駢之與散，并派而爭流，殊途
而合轍」，提出駢散兼容主張，是在駢散爭立正統之思潮中
的重要人物，他認為：

> 駢中無散，則氣壅而難疏；散中無駢，則辭孤而易
> 瘠。兩者但可相成，不能偏廢。……夫駢散之分，
> 非理有參差，實言殊濃淡，或為繪繡之飾，或為布
> 帛之溫，究其要歸，終無異致；推厥所自，俱出聖
> 經。……是則文有駢散，如樹之有枝幹，草之有花
> 萼，初無彼此之別，所可言者，一以理為宗，一以
> 辭為主耳。夫理未嘗不藉乎辭，辭亦未嘗能外乎
> 理。而偏勝之弊，遂至兩歧。[29]

指出駢與散各有弱點，需互補相成，當屬折衷持平之論。梅

---

27 以上俱引見《駢體文鈔・自序》（上海：上海古籍出版社，2001 年 5
　月）。
28 引見趙爾巽等：《清史稿・李兆洛傳》（北京：中華書局，1977 年 8
　月），卷 486，頁 13415。
29 劉開：〈與王子卿太守論駢體書〉，《劉孟塗集》卷二，引自《清代
　文論選》（北京：人民文學出版社，1999 年 1 月），頁 728。

曾亮（1786－1856）也說：「文貴者，辭達耳，苟敘事明，述意暢，則單行與排偶一也。」[30]文章貴能達意，散駢並無孰優孰劣之分，此說與劉開駢散相成之主張呼應，亦以為駢偶並非區別文章高下之根據，可謂是對桐城古文本位論述的一大修正。

　　清末，駢散融合之論，已大致成為學者的主流見解，如朱一新（1846－1894）可為其中代表。其從歷史發展事實上著眼，以為文章本無需區分所謂駢散，駢散結合實屬自然之理，如以下三則引文：

> 古人本不分駢散，東漢以後駢文之體格始成，唐以後古文之名目始立，流別雖殊，波瀾莫二。

> 有陽則有陰，有奇則有偶，此自然之理。古文參以排偶，其氣乃厚，馬、班、韓、柳皆如此，今人亦莫不然，日由之而不知耳。然非駢四儷六之謂。

> 天地之道，有奇必有偶。周秦諸子之書，駢散互用，間多協韻，六經亦然。[31]

在「不分駢散」的前提下，「古文參以排偶」、「駢散互用」之行文現象，均屬自然而然、不自覺地將駢散結合，是故自無須拘於駢散之分，這也就順勢淡化了駢散何者為正宗的問

---

30 引見〔清〕梅曾亮：〈馬韋伯駢體文敘〉，《柏梘山房全集・卷五・文集》頁 10a，《續修四庫全書・集部》（上海：上海古籍出版社，2002 年），1513 冊，頁 650。

31 三則均引見〔清〕朱一新：《無邪堂答問》（北京：中華書局，2000年 12 月），卷二，頁 89。

題。駢散分合問題既已由來甚久，朱一新認為不妨務實看待，指出「第初學，先知駢散之分，乃能知駢散之合」，可說是對駢散問題做另一番折衷式的認知。另，朱氏亦特別聲明此處所謂駢並非後來的四六之體，這對孫德謙「駢體與四六異」之說法或有影響。

其他相關持論者尚多，此為免篇幅之繁，不再一一遍舉，然從上述諸家之論，可見經過諸多學者之析辯舉證，駢散界線漸趨於消融，兩者關係也漸由分歧、對立復歸於融合，直至晚清，駢散交融合轍之論也成為文章思潮的普遍見解。不論古文家或駢文家，對於文章駢散，不再各執門戶之見看待之，反而能抱持較為開明的態度，從理論到創作方面，提出了更為合理切實的見解：就溯源而言，以為駢散同源，故實應並存；就地位而言，駢散兩者並列，並無高下優劣之分；就運用而言，則倡論駢散並行，奇偶相雜迭用。如清代包世臣（1775－1885）所論，即頗能凸顯駢散合一之效益：

> 討論體勢，奇偶為先，凝重多出於偶，流美多出於奇。體雖駢，必有奇以振其氣；勢雖散，必有偶以植其骨，儀厥錯綜，致為微妙。[32]

黃侃（1886－1935）亦謂：

> 總之偏于文者好用偶，偏于質者好用奇。文質無恆，則偶奇亦無定。必求分畛，反至拘墟。[33]

---

32 引見〔清〕包世臣：《藝舟雙楫・論文卷一》，收錄於《歷代文話》第六冊，頁 5188。

凡此可見，古文應適時運用駢句，駢文也應汲取古文特點，奇偶整散錯綜並用，能兼顧凝重及流美之妙，又能振舉文章之骨和氣，頗具正面的表達效益；且文章以達意為要，拘於偶或偏於奇，多屬文質偏好，故自然無需嚴分區畛。

三、《六朝麗指》駢散合一說的理論特點及其內涵

　　從上節之梳理可見，駢散關係經過長期的爭議及討論，兩者從對峙趨於融合，並漸能在學界形成共識。民國時期，傳統文化在因應變革之際，學術總結工作也隨之同時進展中。孫德謙承繼清代駢散兼融之論的成果，順應了時代的發展，全面發揚前賢之論，不僅屢屢提挈駢散合一之論，也透過作品實例舉證，並據以推展出文章理論批評的相關見解，實為《六朝麗指》一書中相當具有代表性及重要性的核心觀點[34]。然《六朝麗指》的「文話」論說型態，每則均各自獨立，看似零散不相連繫，但綜合前後，亦可釐析出一貫理路。[35]故本節將尋繹其理路，以探索駢散合一之論，考察此一核心觀

---

33 引見黃侃：《文心雕龍札記・麗辭》（臺北：文史哲出版社，1973年6月再版），頁162。

34 如呂雙偉亦說：「駢散融合為《六朝麗指》的指導思想。」參呂氏《清代駢文理論研究》（北京：人民出版社，2011年8月），頁273。

35 奚彤雲亦指出：「此書各個條目之間雖無一定的聯繫，但總體上卻是有宗旨可尋的，它實際全面發展了清末以來溝通駢散的駢文批評。」引見奚氏：《中國古代駢文批評史稿》（上海：華東師範大學出版社，2006年10月），頁165。

點如何形成？孫氏標舉此論，究竟有何特點？本節大致分從兩方面予以析論：

（一）推尊六朝文章，標舉疏逸氣韻

六朝文學向來因過度追求新巧豔麗的辭采，而屢屢遭致非議，而駢儷之整練工巧正是六朝文章主要特長，因此麗辭與六朝文章被畫上等號，並連帶被視為卑弱衰弊之徵。然孫德謙不僅對六朝之文情有獨鍾，極力推崇讚賞，更為駢儷文章討源循幹，以更為正面的態度看待六朝文。孫氏在全書自序首先指出：「麗辭之興，六朝稱極盛焉」，開篇第一則也說：「駢體文字以六朝為極則，作斯體者，當取法於此」、「六朝者，駢文之初祖也」，此可作為《六朝麗指》的立論前提，而書中將六朝文章推尊為駢體之祖，固然可與古文家獨尊唐宋、輕鄙六朝之立場區分，更重要的，則避免逐末忘本習氣，其指出：「有志斯文者，當上窺六朝以作之準，不可逐末而忘其本」，並可具體凸顯六朝文章價值、為後世駢體樹立典則的深切用意，且唯有六朝文章受到肯定，也才更具有師法的價值及必要性：

> 作為文章，固當兼學漢、唐，以論駢體正宗，則宜奉六朝為法。（頁三十一右）

> 若志在肄習駢文，則不可不宗師六朝，何也？六朝者，駢家之軌範，所謂取法乎上也。（頁四十右）

六朝文既深具典範性，眾作家的卓越表現，也得以更為凸

顯，其中駢散兼行正是孫氏所認定佳作中必然的重要特徵，
如謂：

> 文章之分駢散，余最所不信，何則？駢體之中，使
> 無散行，則其氣不能疏逸，而敘事亦不清晰。（頁十
> 九右）

此即彰顯駢散合一能使文章兼具疏逸及清晰的表現效果。孫
氏以南朝宋傅亮（季友）〈為宋公至洛陽謁五陵表〉一文為
例，徵引原文並據以指出：

> 「臣裕言：近振旅河湄，揚斾西邁，將屆舊京，威
> 懷司雍。河流遄疾，道阻且長，加以伊洛榛蕪，津
> 塗久廢，伐木通徑，淹引時月。始以今月十二日，
> 次故洛水浮橋。山川無改，城闕為墟，宮廟隳頓，
> 鍾簴空列，觀宇之餘，鞠為禾黍，廛里蕭條，雞犬
> 罕音，感舊永懷，痛心在目。以其月十五日，奉謁
> 五陵。墳塋幽淪，百年荒翳，天衢開泰，情禮獲
> 申，故老掩涕，三軍悽感，瞻拜之日，憤慨交集。
> 行河南太守毛脩之等，既開翦荊棘，繕修毀垣，職
> 司既備，蕃衛如舊。伏惟聖懷，遠慕兼慰，不勝下
> 情。謹遣傳詔殿中中郎臣某奉表以聞。」此篇竟同散
> 文，幾無偶句，但究不得不以駢文視之，蓋所貴乎
> 駢文者，當玩味其氣息。故六朝時雖以駢偶見長，
> 於此等文，尤宜取法。彼以駢、散畫為兩途者，盍

將季友輩所撰一讀之？若以斯文入之散文中，其有
以異乎？（頁十九左～二十右）

此篇行文以四言句式為主，其中除「山川無改，城闕為墟」、
「宮廟隳傾，鐘虡空列」、「開翦荊棘，繕修毀垣」、「職
司既備，蕃衛如舊」等少數屬駢偶句外，其他仍多為散行，
孫氏由整體著眼，從「玩味其氣息」而言，確實在散行之間
帶有駢儷行氣，而這正可做為與純駢體或純散文之一大區別。
孫氏舉此篇為例，即意謂六朝文中此類不用嚴格偶句、結合
駢散並行的文章亦足為典範佳篇，另亦可知孫氏所謂理想的
駢文，當指駢散合一之作，而並非標準駢四儷六的體式。何
況駢散之間界線常有模糊，也並非不能兼融，故自無截然畫
分之需要。《文選》「表」類收錄此篇，孫氏對六朝文章的
選評標準，與蕭統從「事出於沉思，義歸乎翰藻」來界定「文」
的條件，其不以駢散定文章優劣之觀點，也頗為相合。

　　再進一步就上述所謂六朝文所表現的「氣息」而言，孫
氏以前輩王先謙所編《駢文類纂》一書為理論根據，闡述謂：

　　　此書包該古今，首有例言，語極精妙。其持論大
　　　旨，則在不分駢散，而以才氣為歸。夫駢文而歸重
　　　才氣，此固可使古文家不復輕鄙，無所藉口矣。（頁
　　　十左）

駢散並無截然劃分之必要，也不足以作為判別作品價值高低
之條件，不論對古文或者對駢文而言，創作技巧均更需講求
「才氣」。此為孫氏對王先謙著書「不分駢散」要旨大義後

所歸結之論，但其後又云：

> 惟既言駢文，則當上規六朝，而六朝文之可貴，蓋
> 以氣韻勝，不必主才氣立說也。《齊書・文學傳論》
> 曰：「放言落紙，氣韻天成。」此雖不專指駢文言，
> 而文章之有氣韻，則亦出於天成，為可知矣。……
> 是故作斯體者，當於氣韻求之，若取才氣橫溢，則
> 非六朝真訣也。夫駢文而不宗六朝，擬之禪理，要
> 為下乘。使果知六朝之妙，試讀彼時諸名家文，有
> 不以氣韻見長者乎？（頁十左～頁十一右）

此處則主要強調六朝文並非以矜才使氣、才氣橫溢的華豔藻
采見長，而是以「氣韻」勝為其一大特點。故王蘧常
（1900—1989）亦嘗歸結孫氏觀點指出：

> 六朝文之貴，即在氣韻，專取造句及用典，而不從
> 氣韻揣摩，非駢文之上者，故其為文以六朝為極
> 則。[36]

可見六朝文之上乘者，必然追求氣韻的自然表現，至於駢辭
儷句、使事用典則未必足為其中關鍵。然需稍予辨明，「才
氣」與「氣韻」並不相同，前者為蘊於內在的創作才華，後
者指由內散發於外的風趣韻味[37]。「氣韻」由行文自然而來，

36　引見王蘧常：〈元和孫先生行狀〉，《國專月刊》2 卷 4 期（1935 年），
　　頁 60。

37　關於孫氏書中「氣韻」與「才氣」意涵之辨析，亦可詳參王益鈞：《孫
　　德謙駢文理論研究》（香港：香港中文大學中國語言及文學課程碩士
　　論文，2006 年 12 月），第二章第五節，頁 58-63。

非著力於精雕細琢而可致，也非一味摹襲前人格調而可得。故放筆落紙之際，雖豔麗卻不板滯，並能展現「神峰標映、貞靜幽閒之致」，如孫氏所謂：「六朝文體，蓋得乎陰柔之妙矣」（頁七左～頁八右），六朝文之氣韻，讓文章呈顯閒逸舒緩、超凡絕塵的陰柔之美。相較而言，不用駢句之純散體古文，則於「氣盛言宜」[38]之際，辭氣較偏於壯盛通暢之陽剛美；而純用工整駢句之文，情意表達頗受拘限，難以全憑自然，因此如孫氏所謂：「作駢文而全用排偶，文氣易致窒塞」（頁十一右）。故駢散兼行，寓散於駢，正能有別於純駢、純散，並可有助於氣韻的展現，以凸顯文章神采。孫氏以「駢文宜純任自然，方是高格」（頁三右）為前提，反對揣摹襲古而落於俗套，從而歸結云：「師法六朝者，吾願其涵泳於神韻，則善之善矣」（頁十三左）。

再就文氣概念進一步言之，孫德謙以為「文亦有血脈，其道在通篇虛字運轉得法」，意謂駢體文氣正需藉「血脈」為之流通，指出：

> 夫文而用駢體，人徒知華麗為貴，不知六朝之妙，全在一篇之內，能用虛字使之流通。……倘後人為之，純用對偶，而無虛字流通於其間，無怪人之鄙薄駢文也。且六朝匪特全篇時用虛字，雖造成聯語，亦必用虛字，乃見句法流動耳。（頁二十八左）

虛字使文句略有錯落之致，並可發揮承上啟下之作用，血脈

38　《六朝麗指》：「昌黎謂：『惟其氣盛，故言之高下皆宜。』斯古文家應爾，駢文則不如此也。……故駢文蹊徑，與散文之氣盛言宜，其所異在此。」指出古文與駢文之別。引見《六朝麗指》頁二十四右～左。

為之流通,文氣自能上下一貫。然駢文亦有無用虛字者,其
上下文氣似不相接,孫德謙以為其中「開合變化,有令人不
可探索者」,及讀朱一新《無邪堂答問》,而始悟「上抗下
墜,潛氣內轉」之行文要訣。朱一新(1846—1894)云:

> 駢文自當以氣骨為主,其次則詞旨淵雅,又當明於
> 向背斷續之法。向背之理易顯,斷續之理則
> 微。……惟其藕斷絲連,乃能迴腸蕩氣。……潛氣
> 內轉,上抗下墜,其中自有音節,多讀六朝文則知
> 之。[39]

孫德謙受朱一新之說影響而悟「潛氣內轉」之理,故提出血
脈之說,此兩者合觀,其論點要旨更為明確。其謂:

> 及閱《無邪堂答問》,有論六朝駢文,其言曰:「上
> 抗下墜,潛氣內轉。」於是六朝真訣,益能領悟矣。
> 蓋余初讀六朝文,往往見其上下文氣似不相接,而
> 又若作轉,不解其故,得此說乃恍然也。(頁八右)

故讀六朝人文,須識得潛氣內轉妙訣,乃能於承轉處迎刃而
解,否則上下語氣,將不知其若何銜接矣。(頁三十五左)
可見文章血脈之流通,除善用虛字外,亦可憑藉「潛氣內轉」
之法。所謂「上抗下墜」,蓋指上下語句間之文意落差,是
故在句意待銜接處,不運用虛字,表面似未相連,但卻能使
讀者感受字面上下文氣的內在轉折,此陽斷陰連之筆法,使

---

39 引見〔清〕朱一新:《無邪堂答問》(北京:中華書局,2000 年 12
　　月),卷二,頁 91-92。

前後文氣承轉自如，文意自然貫通，並可造成疏緩而不迫促的效果，這是駢文明顯有別於古文的一大因素。吳丕績對孫氏此論形成之歷程有謂：

> 乃購李申耆《駢體文鈔》，置之案頭，初讀時，頗覺其難，旋不專攷其典故，玩索其氣息，以及全篇意局。後得朱一新《無邪堂答問》，有一則論駢文云：「上抗下墜，潛氣內轉」。先生始亦不甚經意。數年後，見李鈔所選文，絕無虛字，而上下文氣似不直接，然每一聯中，必有轉合，乃悟所謂潛氣內轉者，大致即是此法。自此法既得，先生覺六朝文如此者甚多，其後著《六朝麗指》，乃創血脈之說，知全篇血脈轉折，不外潛氣內轉也。論文而論脈，蓋自先生始。[40]

從血脈說之觀點來理解「潛氣內轉」的內涵，是孫氏立論的獨到之處，從而亦可見六朝駢體文氣不論透過虛字的穿插調節或者「潛氣」的轉折彌縫，在駢散兼行之際，均能充分展現靈活錯落之致，為駢體文句的一種藝術技法。而孫德謙也將「潛氣內轉」列為評賞六朝文的一項重要關鍵，不僅在《六朝麗指》書中多次強調，其他文章亦時見提及，如云：

> 夫文無駢散，各有攸能，六代之中，苟馳夸飾，士恢病其華偽，彥和謂之訛新，則亦有也。其善者為

---

40 引見吳丕績：〈孫隘堪年譜初稿〉，《學海》創刊號（1944年），頁91。

之伏采旁流，得比興之妙，潛氣內轉，極抗墜之
能。[41]

至如宋來駢體，秀采外揚，潛氣內轉，往往尋變入
節，極抗墜之能，奏雅終篇，絕繚繞之響，其間又
須優游適會，從容率情。[42]

上引諸例即強調在六朝駢散兼行的體製中，「上抗下墜，潛
氣內轉」之法，對於連貫上下文脈，乃至形成文章氣韻所發
揮的效果。奚彤雲指出「潛氣內轉」是「駢散相對觀念下的
清代駢文批評經歷了三百年之久而結出的一個碩果」，其謂：

為了證明駢文存在的合理性，清代駢文批評從自然
現象（陰陽奇偶等）、儒家經典、批評傳統和文章發
展史等各方面尋找根據，但最終必須落實到某種藝
術特質。為駢文所獨具，而為古文所難以具備，這
樣才能完成駢文存在之合理性的論證。而尋找此種
藝術特質，其實也就是將歷史上產生過的駢文與古
文相對比，揭示它在藝術上的獨特之處。[43]

可見「潛氣內轉」是形成六朝文特質的重要行文之法，其使
六朝駢文不僅具有藻飾文采之美，也是使文章達致氣韻深層

---

41 引見孫德謙：〈吳郡駢體文徵序〉，《四益宦駢文稿》（上海：瑞華
　　印務局，1936 年），上卷，頁 13。
42 引見孫德謙：〈復王方伯論駢文書〉，《四益宦駢文稿》，下卷，頁
　　4。
43 引見奚彤雲：《中國古代駢文批評史稿》（上海：華東師範大學出版
　　社，2006 年 10 月），頁 162。

藝術特質的關鍵。其他學者，也多有近似持論，如呂雙偉指
出：

> 正由於「潛氣內轉」對於駢文創作與風格的高度概括
> 性和在清末民初的廣泛認同性，使得其成為後來研
> 究者公認的駢文批評話語的典範代表，具有巨大的
> 理論價值。[44]

陳鵬也綜論其價值謂：

> 「潛氣內轉」經孫德謙詮釋後成為駢文學的重要批評
> 術語，為駢文史的價值重估和審美判斷提供了新的
> 理論基石。[45]

正凸顯了「潛氣內轉」此法在駢文批評話語上的理論價值。

綜合以上所論，孫氏推尊駢體，又主張駢散合一，其實
並非欲極力消弭駢散體製之區分，而是要透過氣韻、神韻的
審美概念，強調駢散兼行最能為文章營造舒緩、疏逸之氣。
錢基博（1887—1957）對此「主氣韻勿尚才氣」之說謂：

> 主氣韻，勿尚才氣，則安雅而不流於馳騁，與散行
> 殊科；崇散朗，勿矜才藻，則疏逸而無傷於板滯，
> 與四六分疆。[46]

---

44 引見呂雙偉：《清代駢文研究》（上海：上海古籍出版社，2018 年 8
月），頁 414-415。
45 引見陳鵬：〈論孫德謙駢文學的創新及其意義〉，《江淮論壇》2023
年 4 期（2023 年 8 月），頁 169。
46 引見錢基博：《現代中國文學史》（臺北：明倫出版社，1972 年 8 月），
頁 117。

可知孫氏所標舉的駢散合一之體，以「安雅」、「疏逸」之風為尚，與散文及四六體有明顯區別。張作棟亦指出：

> 孫德謙「駢散合一」的思想不是主張「文章不分駢散」，恰恰相反，他主張要分駢散，只是不再從外在的駢句、散句來簡單地劃分，而是從內在的氣韻來劃分。……孫德謙所提出的劃分駢文、散文的重要標準是文章內在的氣韻，正是其重要創見；而「駢散兼行」則有助於這種舒緩氣韻的形成，這正是孫氏超出以往「駢散合一」理論的地方。[47]

駢散合一可展現「氣韻幽閒，風神散蕩」[48]的創作美感，這不僅是《六朝麗指》持論上的一大特點，也正道出六朝文之妙處。故王蘧常評謂：「大指主氣韻，勿尚才氣，崇散朗，勿擅藻采，皆發前人所未發。」[49]可見孫氏此一論述之特點及成就。

（二）釐清駢體義界，揭示駢文正格

　　孫德謙正視六朝文之地位及價值，力求溝通駢散，凸顯駢體重氣韻的特點，並從辨體立場著眼，釐清其義界，確立其正格，以期澄清駢體被視為僵滯病癥的成見。如駢體與唐以後四六體，孫氏以為兩者並不相同，必須將其界線劃清：

---

47 引見張作棟、袁虹：〈論孫德謙駢散合一思想〉，《廣西師範大學學報：哲學社會科學版》47 卷 3 期（2011 年 6 月），頁 28。
48 引見《六朝麗指·自序》。
49 引見王蘧常：〈元和孫先生行狀〉，《國專月刊》2 卷 4 期（1935 年），頁 60-61。

駢體與四六異。四六之名，當自唐始。……吾觀六
朝文中，以四句作對者，往往祇用四言，或以四
字、五字相間而出。至徐、庾兩家，固多四六語，
已開唐人之先，但非如後世駢文，全取排偶，逐成
四六格調也。彥和又云：「今之常言，有文有筆，以
為無韻者筆也，有韻文者文也。」可見文章體製，在
六朝時但有文、筆之分，且無駢、散之目，而世以
四六為駢文，則失之矣。（頁二右～左）

此處指出駢四儷六之體成於唐代，六朝時仍長短迭用、駢散
兼行，尚未形成如此標準工整體式，故駢體與四六今體兩者
有明顯界線存在，實宜加以區隔，故亦明確謂：「六朝文祇
可名為駢，不得名為四六也」（頁七十左）。至於所謂「四
六格調」，顯然指稱唯以工整駢儷是尚而備受後世訾議的六
朝文風。孫氏引梁簡文帝蕭綱〈與湘東王論文書〉為據指出：

所謂今體者，義山既自名其集為《樊南四六》，則今
體固指四六言也。然梁簡文帝〈與湘東王論文書〉有
云：「若以今文為是，則昔賢為非，若昔賢可稱，則
今體宜棄。」由此觀之，六朝時已目駢文為今體矣。
簡文又云：「比見京師文體，懦鈍殊常，競學浮疏，
爭為闡緩。」如其言，似頗不以當時文體為然。但吾
嘗取其語以讀六朝文，轉覺六朝文字，其所長實在
此。（頁七）

與古文相對而言的「今體」，在「競學浮疏，爭為闡緩」的

駢儷創作習氣下，形成了「懦鈍」之感；然承上所述氣韻之觀點，孫氏以為六朝文並不同於一般所認知的「今體」，並無浮疏卑弱之病，凡而獨具陰柔氣韻，正為值得凸顯之特長。此論亦無異有區別六朝文與四六今體之用意，藉辨析兩者之異，以釐清六朝文「正格」之體貌。

　　同樣的，孫氏從辨體立場，亦認為駢文與所謂「律賦」有所差異，指出：

> 往時幕僚之中，有專司書契者，其所為函牘，每有一定行欵，於是辭意之間，不相聯屬，駢文則豈可如此？其上焉者莫如律賦。賦固駢文之一體，然為律賦者，局於官韻，引用成語，自不能不顛倒其字句，行之駢體，則不足取矣。……駢文宜純任自然，方是高格，一入律賦，則不免失之纖巧。（頁二左～頁三右）

孫氏以為賦就廣義而言，雖亦屬駢文之一體，但其不同處，即在於駢文之正格能不受限於這些使詞句「纖巧」的形式要件，也不必如律賦為了講究協韻、格律而顛倒字句。另又謂：

> 律賦有官韻，無可如何，而顛倒其文句；既非律賦，凡為駢偶文字，造句之時，可放筆為之，無容倒置。（頁三十左）

顯然理想的駢文應以自然達意為尚，與律賦之體製不能等同看待。王益鈞論文指出：

唐人好為律賦，然其拘牽桎梏太多，常常因辭而害意，有失自然之美。何謂「自然」？筆者竊以為，這不但要求作品的內容要合乎情理，而且行文辭也必須奇偶適當地互相配合，如此，駢文作品才能口吻調利，聲與心通，自然達意，天趣橫生。故孫氏此說，可以說是其「駢散合一」駢文理論的另一種表述形式；而他的動機表面上是為了辨別體裁，實際上卻要為六朝駢文與唐代律賦之末流作鴻溝之劃，以免世人等而視之、同而訾之。[50]

考察孫氏立論之脈絡，此處指出其藉體裁之辨以「為六朝駢文與唐代律賦之末流作鴻溝之劃」的說法，洵為知言。

孫氏認為「駢散合一乃為駢文正格」（頁二十六左），故不若四六文、律賦等，有句式、格律、行款上之特殊限制，在形式方面的要求較顯寬鬆，其謂：

為駢文者毋但泛填事類，純用排比，以為文體宜爾；專務華豔，謂與散文有別，庶幾善法六朝者也。（頁二十六右～左）

溝通駢散是孫氏的基本立論，故寓散於駢，在駢文中間雜散句以形成駢散合一的體式，即成為六朝文章值得取法的一項優點。關於此，孫氏從駢散結合的方式進行舉證，以為「駢散合一」除了一般所謂的駢散間雜並用之外，尚有先散後駢

---

50 王益鈞：《孫德謙駢文理論研究》（香港：香港中文大學中國語言及文學課程碩士論文，2006 年 12 月），第二章第三節，頁 33。

及先駢後散的體製，其云：

> 碑誌之文，自蔡中郎後，皆逐節敷寫，至有唐以降，
> 乃易其體。若六朝則猶守中郎矩矱，王仲寶、沈休
> 文外，以庾子山為最長。觀其每敘一事，多用單
> 行，先將事略說明，然後援引故實，作成聯語，此
> 可為駢散兼行之證。夫駢文之中，苟無散句，則意理
> 不顯。吾謂作為駢體，均當如此，不獨碑誌為然。譬
> 之撰詩賦者，往往標明作意，列序於前。所以用序
> 者，蓋序即散體，而詩賦正文，則為駢矣。使詩賦
> 語極穠麗，而無序言冠於其首，讀至終篇，竟不知
> 其恉趣何在。猶駢偶文字，通體屬對，甚至其人事
> 實，亦從藻飾，將何免博士買驢之誚乎？病之所
> 在，由未識寓散於駢也。故子山碑誌諸文，述及行
> 履，出之以散，而駢儷之句則接於其下。（頁二十五
> 右～二十六左）

此以庾信之碑誌文為據考察，指出其多先以散行體製敘述生
平事略，後再以駢儷之語援引故實行文，這種先散後駢之
體，與詩賦正文之前冠以序的作法相近，皆有先藉散行之文
交代寫作緣起或使意理顯明的用意。生平行事多屬客觀事
實，陳述以簡明清晰為要，自不宜過於強調穠麗藻飾，故以
散體行之，最可收達意之效。從李兆洛《駢體文鈔》卷二十
四「墓碑類」中所收〈周太子太保步陸逞神道碑〉等四篇、
卷二十五「志狀類」中所收〈周大將軍懷德公吳明徹墓誌
銘〉等五篇來看，諸作開篇略述生平，即以散體為主或駢散

結合，其實際作法與孫氏此處所論大致相符。承上所述，孫氏又舉例云：

> 陳宣帝〈天嘉六年修前代墓詔〉：「若其經綸王業，縉紳民望，忠臣孝子，何世無才」，此散也，而「零落邱山，變移陵谷，咸皆剗伐，莫不侵殘。玉杯得於民間，漆簡傳於世載。無復五株之樹，罕見千年之表」，則駢矣。王褒〈寄梁處士周宏讓書〉：「頃年事猶盡，容髮衰謝，芸其黃矣，零落無時，還念生涯，繁憂總集」，此散也；「視陰愒日，猶趙孟之徂年；負杖行吟，同劉琨之積慘。河陽北臨，空思鞏縣；霸陵東望，還見長安」，則駢矣。（頁二十六右）

除前述碑誌或詩賦前之序等體裁運用了駢散結合之外，此處兩則引例亦可推知舉凡「詔」、「書」等諸體之作，亦同樣可結合駢散行文。其實孫氏所欲強調的觀點是：「推之別種體裁，亦應駢中有散，如是則氣既舒緩，不傷平滯，而辭義亦復軒爽。」亦即駢散結合既可調節文氣，又有助於順暢表意，普遍可為各體之正格。

至於先駢後散者，則如孫氏舉例所云：

> 且吾讀隋豫王暕〈遺崔賾書〉：「昔漢氏西京，梁王建國，平臺東苑，慕義如林。馬卿辭武騎之官，枚乘罷弘農之守。每覽史傳，嘗竊怪之，何乃脫略官榮，棲遲藩邸，以今望古，方知雅志。彼二子者，

> 豈徒然哉？」蓋又有駢作於前，而散居於後，以引伸
> 其義者。（頁二十六左）

此例文中，「每覽史傳」句之前連用駢句，其後則均為散行，以發揮「引伸其義」的作用，為駢散結合的另一型態。不論先散後駢或先駢後散，孫氏以為散行句在文章中均扮演著調節的關鍵功能，可強化駢體的表意，並與虛字共相彌綸，以避免「作駢文而全用排偶，文氣易致窒塞」（頁十一右）之不良效果。孫氏對此總結謂：

> 要之，駢散合一乃為駢文正格。倘一篇之內，始終
> 無散行處，是後世書啟體，不足與言駢文矣。且所
> 謂駢者，不但謂屬對工麗，如一句冗長，當化作兩
> 句，或兩句尚嫌單弱，則又宜分為四語，總視相體
> 而裁耳。（頁二十六左）

由此可見「文無定法」，駢散結合當不拘一式，而駢儷兩句相偶或強化文意而延展為四句，這些句式規則，也並非拘泥不變，一切宜「相體而裁」，以靈活運用為要，而這正體現了孫氏主張駢體「純任自然」、勿過度受形式拘牽的觀點。

四、《六朝麗指》駢散合一說之學術意義

民國時期的新文化浪潮，在思想文化上發揮極大的衝擊力量，也使傳統國學頓失光彩，駢文與古文雖均曾在歷史的

舞台上享有極致輝煌，但在語體文的強勢潮流下，也只能共同被推向沒落的命運。今日古文與駢文，均已少有實際的書寫功能及表達用途，然若回顧這段駢散各擅勝場的歷史，其由並峙至對立，再由交鋒到交融的演變歷程，因為對於駢散關係進行了深入的討論，雖終未能顛覆古文之傳統地位，但卻能有助於釐清歷來評價對駢文的偏見問題，並可使駢、散體製各自的特質及功能，能受到更深層而周全的探索，故可謂為中國文章學史中具有重要意義的學術議題。

孫德謙認為：「作為文章，固當兼學漢、唐，以論駢體正宗，則宜奉六朝為法」（頁三十一右），故宗師六朝為「駢家之軌範」，極力彰顯六朝文的價值，並將駢散合一列為《六朝麗指》一書論述之核心觀點，從六朝文章定位、凸顯駢體氣韻、釐清駢體範圍、揭舉駢文正格等方面，提出具體觀點，期能力矯古文家以正統自居而鄙薄六朝駢體的成見，可視為清代以來駢散合一論的歸結者，故如學者所指出：

> 孫德謙「駢散合一」思想雖然未能拯救駢文的衰落，但能夠從外在形式深入到內在本質，從技術層面上升到理論層面，尤其在理論上彌補了以往「駢散合一」思想的缺漏，為傳統「駢散合一」思想畫上了一個圓滿的句號。[51]

以通觀、折衷及總結的眼光，將歷來學者駢散合一之論彌縫完足，可謂為《六朝麗指》值得肯定的一項成就。以下即大

---

51 引見張作棟、袁虹：〈論孫德謙駢散合一思想〉，《廣西師範大學學報：哲學社會科學版》47 卷 3 期（2011 年 6 月），頁 29。

致從三方面概括說明其學術意義：

　　首先，孫德謙推崇並肯定六朝文對於駢體的典則地位與價值，指出「有志斯文者，當上規六朝，以作之準，不可逐末而忘其本」（頁一左～頁二右），推尊六朝文為駢體取法之極則，可謂正視了六朝駢體文學的價值。清代以來，文壇走向即深受桐城派宗尚唐宋古文、排拒六朝文的影響，「以對偶辭句，不得搖其筆端，為古文之大戒」（頁一右），於是六朝文章遂連同駢儷體製一併成為受嚴厲批判的對象。而後隨駢文派起而對抗爭勝，駢散論爭聲浪迭起，漸改變了古文獨尊的局面，也驅使宗散與宗駢兩方立場能在折衷的態度上，得到對話交流的轉機。孫德謙《六朝麗指》承晚清駢散調和論之餘緒，鎖定六朝文為研究範圍，以為駢文固然有其駢儷體製特點，但也需有散句居中為之調節，因此並無需要截然劃分駢散，也認為不宜單純以散駢之體定文章優劣。故突破駢散畛域，淡化駢散界線，在「文無駢散」的前提下揭舉「駢散合一乃為駢文正格」之論，主張駢散結合，敘事、論理各得其宜，這不僅對駢四儷六的僵滯體式有活絡作用，同時也頗可凸顯六朝仍有兼顧內容表現及形式美感的作品之深切意涵。如同王瑤所謂六朝駢儷之極致理想，即有類於此，其云：

　　　　駢文的極致是在竭力顧全和製造聲色麗語等形式美的條件下，而又使這些形式的規律不至妨礙到意義內容的表現；要使駢體如散文一樣地流暢自然，而

> 又能作到駢體所要求的各種限制和規律，這是一個
> 理想。[52]

能同時兼具形式美感及流暢的表意功能，既遵循了駢體固有
的形式特徵，又不致因文勝其質而屢被詬病。孫德謙凸顯駢
散合一之優點，以確立駢文的美學規範，重新衡定駢體在表
達功能與美感之間的並存尺度，可謂開啟了另一看待六朝文
以及駢體文學的視角，對於傳統以來所認知六朝獨偏辭采聲
律形式美以致浮豔的文學史觀而言，確實具有一定的修正作
用。

　　其次，崇散、宗駢兩派的門戶之見，在幾度激烈對立中，
成為思想及文統派別上頗具爭辯性的議題。孫德謙雖身為駢
文家，卻不再固守駢體門戶之見，也不一味主張嚴守駢四儷
六體式，他認為未受嚴格形式限制的駢體，方能呈現疏逸活
潑的氣息，折衷之立論可謂通達。他並且從辨體之立場，考
鏡源流正變，揭舉駢文正格，將駢散兼行的六朝文與四六文
做區別，很有系統地析論了駢散結合體製的優勢，凸顯其閒
雅疏逸的特徵，對於對六朝駢體之價值既可予以重新估定，
而著意揭舉六朝文章重氣韻的一面，對駢文文學研究而言，
其實當有推進、深化及開啟議題的作用。故今日凡論議文章
駢散關係者，即多從此延展立論，孫德謙之論無疑具有指標
性意義。

　　第三，民國時期之駢體和文言，均已為散行語體取代，

---

52 引見王瑤：《中古文學史論》（北京：北京大學出版社，1998 年 1 月），
　頁 337。

駢散「兩派之爭，泯於無形」[53]，也已不再具有爭辯的意義，
然獨尚語體者輒以文言或駢體皆死文學而排拒鄙斥，孫德謙
則對此種依據文體以評生死的論調，深不以為然，指出：

> 夫文之生死，豈在體制，以言語論，人之言語，有
> 同說一事：一則娓娓動聽，栩栩欲活；一則不善措
> 辭，全無生氣。烏在一用語體，其文皆生耶？（頁六
> 十八左～六十九右）

其論旨在澄清駢散文體本身，並不足以成為判斷文章生死的
條件，故運用駢體未必皆屬死文學，用散行語體亦未必皆生。
面對語體代興的時代環境，此乃有為而發之言，駢散合一之
說，正可作為支持此論合理性的基礎觀點。駢文、古文之間
分域的對立之勢，也已漸淡化成為文學範疇之語言體式表達
的問題，但駢散兼行、融駢入散之法，可說是從駢文理論立
場，為駢文確立美學規範的具體觀點[54]，體現了文人對文章
美學的自然追求，對於今日文章創作而言，仍然有助於開拓
散文之衢路，並深具借鑒意義。莫山洪分析駢散結合的表達
方式之效益並指出：

> 能夠在一定程度上加強文章的氣勢，能夠形成整齊
> 而又錯落有致的文章形式。這種表達方式，並不因

---

53 引見章太炎：《國學略說·文學略說》（高雄：復文圖書出版社，1984
　年 11 月），頁 197。
54 如張作棟、袁虹〈論孫德謙駢散合一思想〉即謂：「從駢文發展史的
　角度進行總結並從理論角度確立駢文美學規範對這一時期的駢文理
　論家來說顯得更有意義。」文參《廣西師範大學學報：哲學社會科學
　版》47 卷 3 期（2011 年 6 月），頁 27。

> 為駢文的消失而消失。即使是在現代白話文中，這
> 種表達方式也依然是作家所喜歡的。……句式上的
> 駢散結合，能夠給這些文章帶來更好的表達效果。
> 這其實也就說明，駢散結合的文章形式在新文學裡
> 依然占有一定地位。[55]

由此可見，駢文雖已不再致用於當代，然駢散結合之法仍有
在當前文章寫作中發揮表達優勢之可能性。曹虹曾歸結清代
中葉以後不拘駢散系列論述的學術意義，指出：

> 不拘駢散論蘊含著某種奔放的精神素質，它要求消
> 弭畛域，消解禁忌，因而在一定意義上是世紀之交
> 文界革命理論的前奏。梁啟超自稱其文「時雜以俚
> 語、韻語及外國語法」（《清代學術概論二十五》），
> 所謂文白、韻散乃至中外，都可打通，由文白合一
> 更打開現代白話文學之路。不拘駢散論者未必能料
> 到後世新文體的發展趨勢，但他們在自身的歷史條
> 件下所作的積極探索，對於散文向近代的過渡，無
> 疑是有一定精神「先驅」意義的。[56]

奚彤雲以為溝通駢散之論亦能有裨於文學的持續發展，其
謂：

---

55 引見莫山洪：《駢散的對立與互融》（濟南：齊魯書社，2010 年 12
　　月），頁 480-481。
56 引見曹虹：〈清嘉道以來不拘駢散論的文學史意義〉，《文學評論》
　　1997 年 3 期，頁 116。

就創作前途而言，提倡溝通駢散未必能拯救文言文
的衰落，它表明無論駢文家還是古文家，都已感到
底氣不足，開始互相求助於對方，而實際上駢文和
古文本質是相同的，它們有共同的語言基礎，共同
的文化基礎，「五四」新文化運動後，面臨白話文的
衝擊，誰也無法挽回文言文創作的頹勢。不過白話
文的迅速走向成熟，與文言文的影響不無關係，準
確揭示駢文的藝術特色、創作成就，也有助於中國
文學的持續發展。[57]

今日不論駢文或者文言文，雖均已為散行語體所取代，確實
難以再現創作生機，長期的駢散論爭也已告一段落，然孫德
謙於民國初年之際，承繼以往諸家學者相關論述之共識，發
揚駢散合一論，將傳統駢散之爭進行了理論及批評層面的客
觀總結，其駢散合一之論為文體消弭不必要的疆域界線、為
文學創作發展開拓衢路的學術視野與識見，當有一定的指標
作用及精神意義。

五、結　語

駢體與散體相對，然長期以來一路相伴、相生，為中國
文學史或文章史中極為關鍵切要的組成及研究對象，尤其作

---

57 引見奚彤雲：〈清嘉慶至光緒時期溝通駢散的駢文理論〉，《南京師
範大學文學院學報》第 3 期（2005 年 9 月），頁 116。

家對兩者的倚重偏好，迭代交替，不僅影響了創作的習氣，形成歷代不同的文學風貌，而駢散之對立及相融關係，也成為中國文章學史中具有重要學術意義的議題。駢散關係經過長期的發展，從混同不分而至對立、並峙，在交鋒至交融的歷程中推進，最終仍證明了「駢散二者，本難偏廢」[58]，「不可好古而鄙儷，亦不可愛儷而非古」，如此文章則「無辭孤易瘠之病，免辭壅難疏之累」[59]。可見純駢、純散之體製均不免有表達的侷限，故由分歧自然趨向融合，發展理路實有其合理性與必然性。

　　清末民初之際的孫德謙承清代駢散關係討論之餘緒，以明確立場推崇六朝文作為駢文之典範，認為六朝駢文自有獨特氣韻，故僅根據句式來嚴格畫分散駢、甚或據以判定文章優劣，對駢體並不公允，也與歷史發展事實不合，故極力闡揚駢散合一之論。本章主要以《六朝麗指》「駢散合一」之論為研究中心，尋繹其理論脈絡，闡析其理論內涵，一方面從孫氏所揭示駢散兼行以「氣韻」勝，能兼具「疏逸」與「清晰」的行文特點，以具體凸顯六朝駢體足為師法的典範價值；另一方面則從孫氏辨體之立場著眼，針對其有關駢體義界及所謂「正格」之釐清，以理解孫氏欲為駢體澄清長期被視為僵滯病癥的用心，實可謂駢散合一論的重要歸結者。另外，孫氏順應時代發展趨勢，全面闡揚前賢要論，以通觀、

---

58 引見章太炎：《國學略說・文學略說》（高雄：復文圖書出版社，1984年 11 月），頁 197。
59 引見陳松雄：〈儷古並存之原因〉，《東吳中文學報》11 期（2005年 5 月），頁 63。

總結的眼光，不僅將歷來學者駢散合一之論彌合全備，使之推衍成為文章學史上具有指標性意義之論點，另也順勢為理論內涵具體開展出一定的學術意義，如本章所歸結「修正文學史觀」、「推進駢文文學研究」及「為現代文學創作與發展開拓衢路」等三項學術意義，相信也值得今日學者予以關注及肯定。

第四章 《六朝麗指》論氣韻及其與駢文創作之關係

一、前 言

　　六朝文學重視形式技巧，作家以競新逐奇為尚，沉溺浮豔之習，作品卻因駢詞儷語，故雕繪滿眼，華而不實，頗乏生氣，此時期浮豔卑靡之文風，向來頗受後世文家輕薄，而這也就成為唐宋以及清代古文家所亟欲匡正革新的對象，駢散對立之勢於是形成。然究柢而論，文句形式的駢偶化未必是造成六朝文學衰弊之直接主因，六朝駢儷作品也並非全為沈溺於雕琢、一無是處的產物，其確實將形式美學特徵發展至極致，影響相當深遠，為中古時期文學留下鮮明的印記。

　　孫德謙以「握睇籀諷，垂三十年」之力，傾心探究，沉潛有得，著成《六朝麗指》一書，在中國駢文批評史居關鍵地位。他研究六朝文，並不著眼於其富豔的一面，而別具隻眼，從正向積極面看待之，極力推崇六朝駢儷之優勢、掘發其藝術特點，其中「氣韻」正是孫氏最著意凸顯的一項。其書中屢謂：「六朝之氣韻幽閒，風神散蕩，飆流所始，真賞

殆希」[1]、「六朝文之可貴，蓋以氣韻勝」、「使果知六朝之
妙，試讀彼時諸名家文，有不以氣韻見長者乎？」（頁十左
～十一右）可見「氣韻」實孫氏以為六朝文章最可致意之特
色及成就。時人評謂：「大指主氣韻，勿尚才氣，崇散朗，
勿擅藻采，皆發前人所未發。」[2]「氣韻」不僅是《六朝麗指》
一書文學論述的核心觀點[3]，也是《六朝麗指》重要的審美標
準，作為重新審視六朝駢體文章美感的向度，實有借鑒的意
義。

　　然而氣韻本身意蘊相當抽象，與練字、用典、聲律等形
式技巧相較而言，似乎更顯得難以確切掌握，是故其實質意
涵究竟所指為何？孫德謙凸顯六朝文章氣韻之目的為何？氣
韻固屬自然天成，然是否仍能「養而致」，亦即藉助句法之
類的創作技巧來落實或達成？此一美感與創作之間的對應關
係如何？透過這些氣韻相關問題的探討，不僅可有助於掌握
《六朝麗指》立論要旨精蘊，對於六朝文章體貌而言，當亦
能獲得更為周全的詮釋與理解。

二、從「氣」「韻」論「氣韻」觀念的形成

　　自曹丕（187－226）提出「文以氣為主，氣之清濁有體」

1　引見《六朝麗指・自序》，序頁一右。
2　引見王蘧常：〈元和孫先生行狀〉，《國專月刊》2卷4期（1935年），
　　頁 60-61。
3　如汪泓、丁姍姍〈孫德謙六朝麗指氣韻說淺釋〉一文亦指出：「氣韻
　　在《六朝麗指》中屬核心理論範疇。」文收入《中國古代文章學的成
　　立與展開》（上海：復旦大學出版社，2011年3月），頁461。

（《典論・論文》）之觀點後，文氣論自此奠基[4]，也一直在傳統文學批評範疇中發揮重要影響力，至於其衍生出的氣韻、氣勢、氣脈、氣局、氣象等概念，大致均與風格、格調、意境之範疇相涉，體現出的是一種崇高、有藝術理想性，且具中國傳統美學特徵的審美觀。唯「氣」本身抽象，蘊義混雜多方，因此有關文氣意涵的討論，頗受歷來學者關注，異說也相當紛紜[5]，不過本節重心不在此，也不擬再從此處著眼，而主要從「氣韻」之意義做必要的觀念釐析，作為探究之基礎，並連帶討論氣韻所涵蘊及代表的文學美感特質。

人體有氣，則種種生理現象得以維持運作自如，元氣自能旺盛；而文體有氣，就如同人體之血氣通貫脈絡，能使作品流露出理順辭達的文學生命力，並能讓人感受到作家的感染力。然人體與文體間之聯繫對應，實與兩漢魏晉之際所盛行人物品鑒思潮有密切關聯。人稟氣以成性，人的身體形相也由氣而成，故人物品鑒將「即形以知性」作為認知基礎，其目的在於由外形特徵以知曉人物內在才性，如劉劭（424—453）《人物志》以「人物之本，出乎情性」為出發點的觀人之術，提出「九徵」，亦即從神、精、筋、骨、氣、色、

---

4 如張靜二《文氣論詮》謂：「《典論・論文》不但揭開了中國文學批評的初頁，更奠定了文氣論的基石，為爾後一千餘年的文家提供了理論思考的空間與實際操作的範圍。」引見張靜二：《文氣論詮》（臺北：五南圖書出版公司，1994年4月），頁13。

5 如郭紹虞〈文氣的辨析〉指出：「用抽象名詞以論文，本已不易捉摸；何況再加上昔人之好作玄談不著邊際，與濫用術語不審名理，所以文氣之說用得更濫，難有定論。」《郭紹虞說文論》（上海：上海古籍出版社，2000年5月），頁32。

儀、容、言來徵知人之本性[6]，可顯見由氣論人之取向。循其
傳統脈絡，也自然形成由氣論文之文學觀。從人體之氣息、
氣稟、氣質，延伸而至論文體之氣勢、氣脈、氣韻，並成為
文學批評專用術語，便說明了此一演變趨勢。徐復觀指出：
「由活的人體形相之美而引起文學形相之美的自覺，為了解
我國文學批評的一大關鍵。」[7]故從氣的範疇論文學，當是文
學自覺之際對作品美感形貌進行探索的表徵，氣是文的質
素，文是氣的體現[8]，透過氣正可有助於掌握屬於抽象面、高
層次的文學美感。蔡英俊謂：「傳統的文學批評活動是經由
『文氣』的層面去掌握風格所表徵出的整體意義。」[9]正指出
「文氣」在文學批評中的地位及重要性。

　　文氣來自於作家，又具體表現於作品[10]，故時有指涉意
義之別，一則為作家的生命力，另則是作家透過創作過程賦

---

6 參見〔漢〕劉劭《人物志·九徵第一》（臺北：金楓圖書出版社，出
　版年月不詳），頁 35。
7 引見徐復觀：〈文心雕龍的文體論〉，《中國文學論集》（臺北：臺
　灣學生書局，2001 年 12 月），頁 25。
8 如〔宋〕蘇轍〈上樞密韓太尉書〉即謂：「文者氣之所形。然文不可
　以學而能，氣可以養而致。」引見《欒城集》（上海：上海古籍出版
　社，2009 年 10 月），卷 22，頁 477。
9 引見蔡英俊：〈「風格」的界義及其與中國文學批評理念〉，《文心
　雕龍綜論》（臺北：臺灣學生書局，1988 年 5 月），頁 362。
10 如張靜二《文氣論詮》謂：「在中國文學批評史上，『文』可泛指作
　品，『氣』則可作『生命力』解。文氣論就是以『氣』的觀念為中心
　來探討作家、作品與評家三者之間的關係。」引見該書〈緒論〉，頁
　19。

予作品的藝術生命；前者指作家才性，後者指作品辭氣[11]；前者為主體生命力在情意、內容面向的展現，後者則屬客體，是作家所創造的藝術理想，透過與結構、文辭的結合，提供形式面向的活力。可見文氣不論出於作家才性，或表現於作品，均為富含生命力的表徵，是使作品產生感染力的重要關鍵。章學誠（1738－1801）即謂：

> 凡文不足以動人，所以動人者，氣也；凡文不足以入人，所以入人者，情也。氣積而文昌，情深而文摯，氣昌而情摯，天下之至文也。……氣得陽剛，而情合陰柔，人麗陰陽之間，不能離焉者也。[12]

正說明了「氣」與「情」各有剛柔之美，然彼此之間「不能離焉」，可以發揮「動人」、「入人」的潛在力量，也是成為「至文」不可或缺之關鍵要素。劉師培（1884—1919）也認為風格、生氣、辭采三者兼備，方為上乘「高華」之文，其謂：

---

11 如鄭毓瑜《六朝文氣論探究》書中將文氣論概分為「作家才性論」與「作品辭氣論」兩層涵義。參閱《六朝文氣論探究》（臺北：國立臺灣大學出版委員會，1988 年 6 月），第二章及第三章。另朱榮智《文氣與文章創作關係研究》一書亦指出：「文氣一詞，應該包括文學作品的辭氣與作者的才氣。因為文氣的涵義，一方面是指作者的性情、才學，透過文字的表達，所能顯現出來的藝術形貌，一方面則是指文學作品中所能反映出來的作者的生命形相。」詳請參閱《文氣與文章創作關係研究》（臺北：師大書苑，1988 年 3 月），頁 18-26。

12 引見〔清〕章學誠著、葉瑛校注：《文史通義校注‧史德》（臺北：里仁書局，1984 年 9 月），頁 220。

> 文章有勁氣，能貫串，有警策而文采傑出者乃能生
> 動。否則為死。蓋文有勁氣，猶花有條幹。條幹既
> 立，則枝葉扶疏；勁氣貫中，則風骨自顯。如無勁
> 氣貫串全篇，則文章散漫，猶如落樹之花，縱有佳
> 句，亦不足為此篇出色也。……有韵及四六之文，
> 中間有勁氣，文章前後即活。[13]

凡此可知歷來文家對氣重視之一般，並且將氣視為創造美
感、詮評優劣的一項關鍵。另外，在「氣之清濁有體」、「氣
有剛柔」[14]的前提下，文氣之表現取向因而有陰／陽、剛／
柔之分。曾國藩（1811－1872）對此有謂：

> 吾嘗取姚姬傳先生之說：文章之道，分陽剛之美、
> 陰柔之美。大抵陽剛者，氣勢浩瀚；陰柔者，韻味
> 深美。浩瀚者，噴薄而出之；深美者，吞吐而出
> 之。[15]

此處根據姚鼐陰陽剛柔的風格論，將陽剛與陰柔兩類風格並
列對舉，其中「氣勢浩瀚」與「韻味深美」之對比，可見「氣」
重、「噴薄」者多偏於陽剛，「韻」多、「吞吐」者則偏於
陰柔。然而「氣」與「韻」之概念，並非是全然對立的，其
間仍有意涵的交疊關係，郭紹虞（1893－1984）即指出：

---

13 引見〔清〕劉師培：《漢魏六朝專家文研究》（臺北：臺灣中華書局，
　　1982 年 3 月），第七〈論文章有生死之別〉，頁 26-27。
14 「氣有剛柔」語本劉勰《文心雕龍・體性》。
15 引見《曾文正公手書日記・庚申三月十七日》（臺北：臺灣學生書局，
　　1965 年 4 月），頁 841。

> 文氣之說就狹義言，是即文以求氣，其言氣恆與
> 「勢」相混，唐宋文人之論氣者多主之；就廣義言，
> 是因氣以品文，其論氣又與「韻」為近，清代文人之
> 論氣者多主之。[16]

可知文家「即文求氣」或者「因氣品文」，原有廣狹、取義
之異，並非藉氣之剛柔以區分駢散。古文家重視氣，多強調
行文需有旺盛氣勢，如韓愈（768－824）提出「氣盛言宜」
之說[17]，蘇轍（1039－1112）倡論文氣，稱賞「寬厚宏博」、
「疏蕩」之氣[18]，劉大櫆（1698－1779），則有「文章最要
氣盛」[19]之主張，故凡氣盛則文勝。然其實駢文家也未嘗不
重視文章之氣[20]，只是駢文在句式對稱、聲律和諧的多重限

---

16 引見郭紹虞：〈文氣的辨析〉，《郭紹虞說文論》（上海：上海古籍
　　出版社，2000 年 5 月），頁 39。
17 韓愈〈答李翊書〉：「氣，水也；言，浮物也。水大而物之浮者大小
　　畢浮，氣之與言猶是也，氣盛則言之短長與聲之高下者皆宜。」文見
　　《韓昌黎文集校釋》（西安：三秦出版社，2004 年 12 月），卷三，
　　頁 256。
18 章學誠謂：「蘇轍氏出，本韓愈氏說而昌論文氣。」（《文史通義‧
　　史德》）蘇轍〈上樞密韓太尉書〉謂：「孟子曰：『我善養吾浩然之
　　氣。』今觀其文章，寬厚宏博，充乎天地之間，稱其氣之小大。太史
　　公行天下，周覽四海名山大川，與燕、趙間豪俊交遊；故其文疏蕩，
　　頗有奇氣。」文見《欒城集》（臺北：臺灣商務印書館，1968 年 9 月），
　　卷二十二，頁 301。
19 〔清〕劉大櫆指出：「行文之道，神為主，氣輔之」、「文章最要氣
　　盛，然無神以主之，則氣無所坿，蕩乎不知其所歸也。神者氣之主，
　　氣者神之用」、「神氣者，文之最精處也。」詳參《論文偶記》（北
　　京：人民文學出版社，1998 年 5 月），頁 3-6。
20 如〔清〕方宗誠謂：「駢偶之體，亦當以生氣為上。徐庾之文，尚有
　　生氣可觀。」詳參〈徐庾文選序〉，《柏堂集前編》卷二，轉引自《近
　　代文論選》（北京：人民文學出版社，1999 年 1 月），頁 88-89。

制下，氣息相對而言顯得與散文不同。孫德謙認為「六朝駢
文即氣之陰柔者」（頁七左），並析論謂：

> 昌黎謂：「惟其氣盛，故言之高下皆宜。」斯古文家
> 應爾，駢文則不如此也。六朝文中，往往氣極道
> 鍊，……故駢文蹊徑，與散文之氣盛言宜，其所異
> 在此。（頁二十四）

可見六朝駢文之氣雖屬陰柔者，然並非柔弱，應是舒緩逸宕
而「道鍊」，與古文「氣盛言宜」之表現取向有別。於是從
氣之暢盛外發者為「氣勢」，舒緩道鍊者為「氣韻」之說，
進而可推衍至散駢之別，並漸成區分之據。如蔣伯潛（1892—
1956），明確指出：

> 散文主文氣旺盛，則言無不達；駢文主氣韻曼妙，
> 則情致婉約。[21]

「氣勢」（氣）與「氣韻」（韻）相對，散文與駢文分別以
「氣勢」、「氣韻」為審美理想，兩者在美感表達特質上各
有側重，但此僅為概略而言，並非截然絕對之分。至於
「氣」與「韻」相對下所呈顯之特質，學者多有歸結，如劉
衍文所云：

> 氣的表現是較實的，韻的呈露是較虛的。凡是質實
> 的、樸茂的內容表現時就當以氣為主，凡屬空靈

---

21 引見蔣伯潛：《駢文與散文》（臺北：世界書局，1983 年 12 月四版），
頁 128。

的、華美的境界表現時就得以韻為重。……氣又是偏於直的，韻則是偏於曲的。氣和韻，剛和柔，直和曲，最好能融為一體，……氣表現出來的是音樂之力，韻則更能表現出音樂之味。[22]

氣與韻雖分別為作品賦予不同取向的美感，但其實仍以能造就「融為一體」的和諧美感者為尤佳，故僅執其一端以判斷作品表現優劣，則難免偏至。從狹義而言，「氣」與「韻」有其區別，然從「因氣品文」之立場來著眼，「氣」與「韻」又可結合連用而成廣義之「氣韻」。趙樹功指出：

氣是貫注於行筆取象之際的原動力，韻是隱蔽在意象後面的內在影跡與關聯於外在藝術空間的情感輻射，於是「氣韻」則可以理解為氣在運行之中通過藝術作品而顯現的超越於文本局限的行迹。[23]

「氣」為行筆取象之際的原動力，「韻」則為隱蔽於意象之後的形跡，故「氣韻」是氣運行於內、含而不露，並超越於外、互為交融的美學特徵。

氣韻之美學範疇首先於六朝藝術批評中形成，如南齊謝赫（479－502）〈古畫品錄〉舉列品畫六法時首標「氣韻生動」，並在評顧駿之畫時謂「神韻氣力，不逮前賢」之語[24]，

---

22 引見劉衍文、劉永翔：《古典文學鑒賞論》（上海：上海教育出版社，1991 年 8 月），頁 637-638。
23 引見趙樹功：〈氣化與文學審美品格〉，《氣與中國文學理論體系構建》（北京：人民出版社，2012 年 3 月），第三章，頁 337。
24 〔南齊〕謝赫撰、〔明〕毛晉訂：《古畫品錄》（臺北：藝文印書館，1966 年），頁 2b。

可見「氣韻」蓋指藝術作品這生命體所具備的生機，其審美層次居於要位，且大致與「神韻」意涵近通，為藝術品氣度韻致的極致展現。[25]王夢鷗（1907—2002）指出：

> 韻字的本義，是陪音的餘音，六朝人引申這字義用於造形藝術的批評，而有「氣韻」之語。氣韻正是附著於意象中的價值；它在文學作品中，是讀者從那些語言所代表的意象引致的感情與知覺的混和物。[26]

「韻」之觀念從音樂而來，「氣韻」不僅衍伸運用於人物品評及藝術賞鑒，並進入文學批評範疇，錢鍾書（1910—1998）認為：

> 「氣韻」非復人物畫所得而專矣。……蓋初以品人物，繼乃類推以品人物畫，終則擴而充之，并以品山水畫焉。風扇波靡，詩品與畫品歸於一律。……詩文評所謂「神韻說」匪僅依傍繪畫之名目而立文章之品目，實亦逕視詩文若活潑剌之人。[27]

由此可見，「氣韻」意涵範圍有擴大的趨勢，從人到畫再到文，而且其概念涉及感覺，指的是藉語言意象引發感情與知

---

25 錢鍾書《管錐篇》根據六朝時人物畫及人物品鑒用語指出：「『形』即『體』，『神』即『韻』，猶言狀貌與風度；『氣韻』、『神韻』即『韻』之足文申意，胥施于人身。」詳參《管錐篇》，第四冊，第一八九則，頁1355。
26 王夢鷗：《中國文學理論與實踐》（臺北：時報文化出版事業，1995年11月），第二十二章〈純粹性〉，頁312-313。
27 引見錢鍾書：《管錐編》（蘭馨室書齋，出版年月不詳），第四冊，第一八九則，頁1356-1357。

覺的精神層面美感，這美感含蓄閒逸，自然天成，難以具體縷析，需從心靈去感受體會或直覺，故頗有「傳神」之味，與形貌美、形似美之型態感受並不相同。從哲學範疇的「形神」論[28]來看，舉凡氣韻、神韻或風韻等用語，均有強調精神特質的傾向[29]。蕭子顯（489－537）在《南齊書・文學傳論》有謂：

> 文章者，蓋情性之風標，神明之律呂也。蘊思含毫，遊心內運，放言落紙，氣韻天成，莫不稟以生靈，遷乎愛嗜。[30]

文章是作家情感、性靈的展現，因此作家「放言落紙」之際，呈現了自然天成之「氣韻」，此自然氣韻屬於一種精神風貌[31]，而作家才情、審美偏好各異，因此創作之際所流露的

---

28 如吳功正《中國文學美學》指出：「氣韻範疇是從形神論中孕育而孵化獨立形成的美學範疇。」詳參《中國文學美學》（南京：江蘇教育出版社，2001年9月），上冊，第五章第五節「氣韻美學」，頁437。

29 關於人物品評強調精神特質的傾向，如宗白華〈論世說新語和晉人的美〉一文提到：「晉人之美，美在神韻。神韻可說是『事外有遠致』，不沾滯於物的自由精神，這是一種心靈的美，或哲學的美。這種美的力量，擴而大之可以使人超然於死生禍福之外，發揮出一種鎮定的大無畏的精神來。」引見宗白華：《美學的散步》（臺北：洪範書局，1987年3月），頁70。

30 〔梁〕蕭子顯《南齊書・列傳三十三・文學》（臺北：臺灣商務印書館，1988年1月），頁477。

31 王益鈞《孫德謙駢文理論研究》對此辨析謂：「蕭氏所謂的『氣韻』就是風格的另一個代名詞，而不像雄渾、壯麗般，是指風格的某一類。故這裏的『氣韻天成』，指的應該是作品的風格自然地展現出作家的個人氣質，而由於作家的個人氣質是天賦的，因此作品的風格也是天然形成的。換言之，『氣韻天成』不是指某一種風格，而是說明風格是怎麼形成的問題。而孫德謙明顯地把它理解為一種風格，這是錯誤的」由此可見「氣韻」一詞運用抽象模糊的特性，王氏此說辨析頗能成理，可備參考。詳參王益鈞：《孫德謙駢文理論研究》（香港：香港中文大學中國語言及文學課程碩士論文，2006年12月），第二章第五節，頁60-61。

氣韻風貌也就異采紛呈，而氣韻也正是文學自覺風氣發展下，不再專注於傳統所賦予的諷諭教化作用，也不專重形式藻飾的一種精神情趣表現。南宋陳善（？－1169）即謂：

> 文章以氣韻為主，氣韻不足，雖有辭藻，要非佳作也。[32]

氣韻是一種蘊蓄於內的生命力，顯然是文章能否成為感人佳作之關鍵，駢文亦不例外。孫德謙以為：

> 《齊書・文學傳論》曰：「放言落紙，氣韻天成。」此雖不專指駢文言，而文章之有氣韻，則亦出於天成，為可知矣。（頁十左）

劉麟生亦謂：

> 《齊書・文學傳論》云：「放言落紙，氣韻天成。」蓋美文之佳者，亦無不從氣勢自然中得來，否則蕪詞累句，駢文最易犯之，烏足以言氣韻天成之妙？[33]

氣韻重在自然天成，由讀者心領神悟其妙，但氣韻並非憑空而來，如程美華指出：

> 駢文之「氣」即是指駢文創造者借助對偶、聲律、辭藻等要素，在駢文中所展現的充實內容，所寄予的

---

32 引見〔宋〕陳善：《捫蝨新語・上集》，收錄於趙彥衛《雲麓漫鈔》（臺北：新文豐出版社，1939 年 12 月），卷一，頁 1。
33 引見劉麟生：《中國駢文史》（臺北：臺灣商務印書館，1990 年 12 月臺六版），頁 44。

　　那份足以打動人、感染人的真情實感，從而所生發
　　的那股貫穿始終的生動氣韻，這也是駢文的靈魂所
　　在。[34]

從鑒賞角度而言，氣韻天成是作品所呈現的高層次風格及美
感效果；但就創作立場而言，氣韻仍不免需藉由藝術手法之
助，方能達致。駢儷文章甚為著重形式美感，是透過固定化
句法及辭句技巧形塑而成的體製，然如能掌握創作之巧，追
求疏逸氣韻，自能表現出內在生氣，並於「潤色取美」之際，
亦能兼顧「自然會妙」[35]的精神，如此辭藻與情理兼備，當
不致陷入浮靡卑弱之病。

三、氣韻幽閒，風神散蕩：《六朝麗指》
　　論六朝文之體貌

　　《六朝麗指》一書以「六朝」為論述主軸，廣泛而深入
關注了六朝文體貌與文學發展趨勢的課題，在面對「語乎六
朝富豔，方且俳優黜之」、「爾時氣格，或不免文勝之歎」[36]
的歷史評價時，從較為正向積極的面向著眼，強調此一時期

---

34 程美華：〈略論駢文之氣 —— 從六朝到初唐四傑〉，《安徽大學學報》
　　（哲學社會科學版），29 卷 6 期（2005 年 11 月），頁 88。
35 此處文句引據《文心雕龍・隱秀》：「自然會妙，譬卉木之耀英華；
　　潤色取美，譬繒帛之染朱綠。」王更生：《文心雕龍讀本》（臺北：
　　文史哲出版社，1985 年 4 月），下篇頁 204。
36 此兩語均出自孫德謙《六朝麗指・自序》，引見《六朝麗指》，自序
　　頁一左。

駢體麗辭，實具有高度文學美感特徵，指出：

> 見其氣轉於潛，骨植於秀，振采則清綺，淩節則紆
> 徐，緝類新奇，會比興之義；窮形抒寫，極絢染之
> 能。[37]

此從體製之隱微深邃處立論，肯定駢體有潛氣內轉，骨力挺
拔秀穎的美感特質，此一美感特質表現在形式上，則主要呈
現出文采清綺、音律紆徐、事類融會比興、抒寫極盡絢染的
優點，這樣的評斷，正是孫德謙文學觀的持論傾向及立論出
發點。

孫德謙在《六朝麗指》一書開篇即云：「駢體文字以六
朝為極則，作斯體者，當取法於此」（頁一右），以為猶如
詩當學唐、詞應宗宋，六朝文則為駢文正體，深具取法依傍
之長。他重視文氣之逸宕，亦嘗謂：「師法六朝者，吾願其
涵泳於神韻，則善之善矣。」（頁十三左）風神氣韻顯然為
孫氏對六朝文所認同推讚的首要特點。劉麟生《中國駢文史》
在歸結《六朝麗指》一書之價值時特別指出：「推重氣韻，
泯駢散之爭，其書抉摘精微，發前人之所未發。」[38]是故「氣
韻」、「駢散合一」實可視為孫德謙全書文學論述的核心觀
點。他極力推崇六朝文為駢文的美學典範，主要目的即在於
彰顯六朝駢文應有的地位與價值，並澄清歷來古文家以正統
自居而鄙薄六朝駢體的成見。因此，孫氏繼承傳統文氣論之

---

37 引見孫德謙《六朝麗指・自序》，《六朝麗指》自序頁二右。
38 引見劉麟生：《中國駢文史》（臺北：臺灣商務印書館，1990 年 12
　月臺六版），頁 157。

概念並有所發展[39]，從詩文的審美趨向來看待六朝文，對於六朝文體貌重加審視，並形成獨特觀點。然孫氏所推讚六朝文章的氣韻究竟指涉涵義為何？其「氣韻幽閒，風神散蕩」的體貌如何呈現？以下分項說明：

（一）疏宕得神，不矜才使氣

關於六朝文風及文弊，可先從唐代陳子昂這則簡要的評語來觀察：

> 文章道弊五百年矣。漢魏風骨，晉宋莫傳，然而文獻有可徵者。僕嘗暇時觀齊梁間詩，彩麗競繁，而興寄都絕，每以永歎。[40]

從《詩經》、《楚辭》以迄兩漢樂府，詩歌創作傳統至兩晉南朝中絕，正是所謂「既殊比興，正背風騷」，又與建安風骨的詩歌美學範式漸行漸遠，故陳子昂「漢魏風骨，晉宋莫傳」以及「齊梁間詩，彩麗競繁，而興寄都絕」的評論，正是針對時代文風而發，也常為後世文學史論著引述或沿用。孫德謙在品評文章時，除與此有近似論調，也進一步指出：

---

39 如汪泓、丁姍姍〈孫德謙六朝麗指氣韻說淺釋〉云：「其論六朝駢文之重氣體、氣韻，亦可謂對中國傳統文氣論的繼承與發展。」文收入《中國古代文章學的成立與展開》（上海：復旦大學出版社，2011年3月），頁482。

40 此為〔唐〕陳子昂〈與東方左史虬修竹篇序〉之語，引見《四部叢刊初編・集部・陳伯玉集》（臺北：臺灣商務印書館，1967年），卷一，頁12。

> 張融〈問律自序〉：「吾無師無友，不文不句，頗有
> 孤神獨逸耳。」今讀此序及〈與從叔永書〉，皆丰神
> 瀟然，俊逸不羣，正是自道文境也。六朝之文，在
> 齊梁時繁縟極矣；晉、宋之間，往往神韻蕭疏，饒
> 有逸趣。故論駢文，當以晉宋為一格。張氏身雖入
> 齊，而其文猶近晉宋，宜自謂「吾文章之體，為世人
> 所驚」也。（頁五十九左）

張融（444—497），在《南齊書》有本傳。孫德謙以為張融
身雖入齊，然其文「猶近晉宋」，故特別凸顯了張融之文「丰
神瀟然，俊逸不羣」的特點，以為明顯與齊梁繁縟文風有別。
晉宋與齊梁雖同屬六朝時期，但前後文風卻呈現出不同的面
貌，是故孫氏一方面指出齊梁時「繁縟極矣」，正可與「彩
麗競繁」之批評觀點呼應；另一方面，則相對於「漢魏風
骨，晉宋莫傳」的詩歌美學傳統之外，標舉「氣韻」，以為
當是六朝文最值得凸顯的審美特質，這特質正造就晉宋文風
之長，也是與前後各代不同的關鍵。是故從晉宋體的「神韻
蕭疏」，再到齊梁體的「繁縟」，對此一文風演變軌跡的關
注，當是孫氏文學發展史觀中一項重要識見。關於歷代駢文
諸體中，將晉宋體與齊梁體較論，並以晉宋體較優者，如清
張之洞（1837—1909）謂：

> 國朝講駢文者，名家如林，雖無標目宗派，大要最
> 高者，多學晉宋體，此派較齊梁派、唐派、宋派為
> 勝，為其樸雅遒逸耳。[41]

---

41 引見〔清〕張之洞著、司馬朝軍注：《輶軒語詳註》（上海：華東師
範大學出版社，2010 年 9 月），頁 295。

此所謂「樸雅遒逸」之風貌，正是晉宋駢體之優處，而孫德謙標舉晉宋別為一格，兩者觀點頗有同趣。

　　六朝駢儷之文輒因藻飾濃豔、雕琢過度而為後世文家詬病，然而孫德謙認為六朝，尤其晉宋文自成一格，自有其獨特的風韻美感，其「神韻蕭疏，饒有逸趣」，最值得重視，殆非繁縟者可比。也因而指出六朝文與當時所謂駢文「今體」亦絕不相類，故云：

> 簡文又云：「比見京師文體，懦鈍殊常，競學浮疏，爭為闡緩。」如其言，似頗不以當時文體為然。……六朝駢文，絕不矜才使氣，無有不疏宕得神，舒緩中節，似失之懦鈍者。不知陽剛、陰柔，古今自有兩種文體，若泥簡文之說，而即以擯黜六朝，則非也。（頁七）

此處根據梁簡文帝蕭綱（503—551）〈與湘東王書〉之觀點而展開闡論：

> 比見京師文體，懦鈍殊常，競學浮疎，爭為闡緩。玄冬脩夜，思所不得；既殊比興，正背風騷。[42]

此處所謂「懦鈍」、「浮疏」、「闡緩」、「殊比興」，大致是指作品盲目模擬經典之雍容質樸，但卻過於寬緩安舒，缺少感染力和鮮明形象。孫德謙並不否認當時文學確有氣格

---

42 蕭綱〈與湘東王書〉，引見《梁書・卷四十九・庾肩吾傳》（北京：中華書局，1973 年 5 月），頁 690。

不高的弱點，甚至不免有「文勝之歎」，故在面對「簡文嗤
其懦鈍，士恢訾其華偽」的批判觀點時，也同時提出自己的
觀察。濃豔的辭藻是作者競相「矜才使氣」、極力雕飾而成，
其流弊輒易使文章產生浮靡卑弱的病癥，故並不足可貴。孫
德謙以為一般所認知的「懦鈍」，不僅不是氣弱，其實應視
為一種陰柔特質，所謂「疏宕得神，舒緩中節」，正乃氣韻
的展現，為六朝文之一大特點，自不應成為擯黜輕鄙的對象。
故謂：

> 漢文雄傑，故多大篇。論者每以齊梁小文，鄙之為
> 才氣薄弱，其說似矣。唐代駢文，無不壯麗，其源
> 出於徐、庾兩家。徐、庾文體，亦極藻豔調暢，然
> 皆有遒逸之致，非僅如唐文之能為博肆也。（頁三十
> 一右）

漢賦篇製巨大，氣勢恢弘，可充分展現作者宏富才學；唐代
駢文則壯麗博肆有餘卻較少遒逸之致。相較漢文、唐文而
言，六朝之文則篇幅較小，看似才氣薄弱，但孫德謙認為六
朝文之佳者，卻並非憑藉「矜才使氣」的產物，更不以篇製
大小來判別優劣。故又謂：

> 長沙王益吾先生於學無所不通，……其於駢體，《十
> 家四六文鈔》而外，又選《駢文類纂》若干卷。此書
> 包該古今，首有例言，語極精妙。其持論大旨，則
> 在不分駢散，而以才氣為歸。夫駢文而歸重才氣，
> 此固可使古文家不復輕鄙，無所藉口矣。惟既言駢

> 文，則當上規六朝，而六朝文之可貴，蓋以氣韻
> 勝，不必主才氣立說也。（頁十左）

其論以王先謙所編《駢文類纂》「不分駢散，而以才氣為歸」
之論旨為據[43]，指出從「才氣」著眼，雖可稍減古文家輕鄙
駢文的藉口，但此卻非六朝駢文之最可貴者，可知「才氣」
與「氣韻」之概念並非等同，而其觀點即在於強調「氣韻」
而反對「才氣」。「才氣」與「氣韻」皆本於天然，「才氣」
是作家的創作才華能力，「氣韻」則為作品所體現的風趣韻
味；「才氣」由作家驅遣掌控，是使作品洋溢風采的主觀要
素，「氣韻」則非出於精雕細琢，也非一味摹襲前人格調而
可得。就作品的表現條件而言，「才氣」往往是優秀作品的
必要條件，「氣韻」則為成就作品神采的充分條件。可見「氣
韻」應是比「才氣」更高層次的藝術表現，也是使文采富麗
而不板滯的關鍵因素，故孫德謙更重視的是「氣韻天成」，
他認為六朝駢文並不以馳騁才華見長，蓋因馳騁才華者，在
極力敘寫中，呈現的往往是博肆剛勁之貌，而非舒緩幽靜之

---

43 王益鈞《孫德謙駢文理論研究》對此指出：「反覆考諸《駢文類纂》
　的序，其實並無『才氣』一詞，也許是孫德謙一時筆誤，把別人的論
　點當作王先謙的看法，又或是他歸納序文的主旨，並在此借題發揮，
　申述自己的論點。無論何者，都必然會遭論者詬病其疏忽的。然而這
　個疏忽並不妨礙本文的推論，因為『才氣』之說是誰提出，孫德謙批
　評誰，都不是我們關注的重點，反而他為甚麼重視『氣韻』而反對『才
　氣』，這才是他駢文理論中必須釐清的一個關鍵。」即使其論點屬孫
　德謙誤植，但此處主要探討何以強調「氣韻」而反對「才氣」之旨，
　故與王氏論述立場相同。詳參王益鈞：《孫德謙駢文理論研究》（香
　港：香港中文大學中國語言及文學課程碩士論文，2006 年 12 月），
　第二章第五節，頁 59-60。

致。因此可知孫氏對作品「氣韻」的重視,當有凸顯六朝之
文既不懦鈍,也不致才薄氣弱的一面,並且可與漢文之雄傑、
唐文之博肆有所區分,如此正釐清了六朝文疏宕遒逸體貌之
特殊性。

（二）氣體閒逸,得陰柔之妙

　　散文之氣一般較屬於盛壯雄健,富有陽剛氣息;駢體之
氣相較而言,則顯得舒緩內斂,兩者各有千秋,而孫德謙以
為六朝文獨具「氣韻」,故與散體、四六有別,且以安雅、
疏逸之陰柔美感見長。孫氏對此陰柔之美,以較形象化的描
述謂:

> 六朝駢文即氣之陰柔者也。嘗試譬之:人固有英才
> 偉略,傑然具經世志者,文之雄健似之;若高人逸
> 士,蕭灑出塵,耿介拔俗,自有孤芳自賞之概,以
> 言文辭,六朝之氣體閒逸,則庶幾焉。《易》曰:「一
> 陰一陽之謂道。」斯豈道為然哉?六朝文體,蓋得乎
> 陰柔之妙矣。（頁七左～頁八右）

又云:

> 余嘗以六朝駢文譬諸山林之士,超逸不羣,別有一
> 種神峰標映、貞靜幽閒之致。其品格孤高,塵氛不
> 染,古今亦何易得?是故作斯體者,當於氣韻求
> 之,若取才氣橫溢,則非六朝真訣也。（頁十左～頁
> 十一右）

指出六朝文具有高人逸士之風度，耿介拔俗，超逸不羣，表現出「神峰標映、貞靜幽閒之致」的氣韻特質，而氣韻正是孫氏所認知駢體審美風格中的範型。值得注意的是，上述提到「疏宕得神」、「神韻蕭疏」、「神峰標映」的評論用語中，均強調了作品氣韻範疇中有「神」，即大致透顯了一種超越字面形式，而以精神取向為主的風貌，甚至可說是「作品中透露出一種超越作品本身的生命四溢的精神氣質」[44]。這與傳統對古文以陽剛之美為尚的審美取向大異其趣，故孫德謙標舉以為六朝文章之上乘真訣，此對六朝駢文之體貌風神，勾勒更為確切。日本學者古田敬一根據孫氏論述謂：

> 孫德謙對六朝駢文的特色以超逸不羣的孤高性與貞靜幽閒的靜穆性去標誌，以區別其與波瀾起伏的躍動性和意氣旺盛的雄辯性的不同。[45]

可見六朝駢體偏重逸、靜之美感表現取向既與古文之傳統不同，故自無以古文的正統規範看待之必要，這對駢儷文學的價值而言也是一種肯定。

誦讀向來是鑑賞文章的重要門徑，因聲求氣，循聲得情，從其疾徐高下、抑揚抗墜之節，最能領略文章之感染力。因此孫德謙對此也頗具見解，其以為「所貴乎駢文者，當玩味其氣息」（頁二十右），六朝文以閒逸為上，故誦讀玩味之

---

44 此說參引羊玉祥：《古詩文鑑賞方法二十一講》（成都：巴蜀書社，1995 年 9 月），頁 195。

45 引見〔日〕古田敬一：《中國文學的對句藝術》（臺北：祺齡出版社，1994 年 9 月），第七章第一節〈孫德謙的駢文論〉，頁 497。

際，自當緩讀、輕讀為宜，他指出：

> 若讀六朝文，則皆宜用緩，何也？六朝之文，其氣
> 舒緩，吾即從而緩讀之，乃能合其音節。如使急
> 讀，將上下文連接而下，有不知其文氣已轉者；并
> 有讀至篇終，似覺收束不住，此下又疑有闕脫者。
> 實則祇在讀時須舒緩，而不出以急迫，則其文自成
> 結構。由於讀之，貴得其道也。……故欲學六朝
> 文，尤在善讀，亦辨之於緩急而已。（頁二十右～左）

駢體的特殊句型結構並不同於散文，故其讀法自宜有所區分，
藉由緩讀之法，更能從其間抑揚頓挫感受到舒緩節奏，並進
而領會六朝文之氣韻。又謂：

> 六朝駢文，既須緩讀，則不宜重讀明甚。讀散文者，
> 固當振吾之氣；駢文而用重讀，通篇節奏不能合律
> 矣。故讀六朝諸家文，大體祇從輕讀可耳。（頁二十
> 左～二十一右）

散文氣暢，在急讀、重讀之下，較能振舉其氣；而駢文氣柔，
以緩讀、輕讀之法，最為合律。由此可見誦讀可有助於凸顯
文章體貌，是為壯／逸、剛／柔定位的一大關鍵，亦為一項
創見[46]。

---

46 呂雙偉指出：「以駢文的特殊結構來探討其誦讀之法，為孫德謙對六
朝駢文批評的創新。」引見呂氏：《清代駢文理論研究》（北京：人
民出版社，2011 年 8 月），頁 276。

（三）氣極遒鍊，貴通篇氣局

六朝文雖以疏宕閒逸的陰柔之氣見長，其實語言表達上仍以不失遒勁為要，孫德謙對此屢有強調，嘗謂「六朝文中，往往氣極遒鍊」（頁二十四）、「閒嘗誦習其文，遒鍊雋逸，使人玩繹不厭」（頁三左）。強調遒勁之氣，當是針對典麗華辭所造成的靡弱不振之風所發。先從他所列舉六朝文學批評諸家之例來看「遒」之意涵：

> 昭明〈答湘東王求文集詩苑書〉：「夫文典則累野，麗則傷浮。能麗而不浮，典而不野，文質彬彬，有君子之致，吾嘗欲為之，但恨未遒耳。」《詩品》論袁宏云：「彥伯〈詠史〉，雖文體未遒，而鮮明緊健，去凡俗遠矣。」論謝脁云：「奇章秀句，往往警遒。」論任昉云：「晚節愛好既篤，又亦遒變。」此一「遒」字，六朝人評詩文皆取裁於此。[47]

「遒」應是當時詩文評家所標舉的一種審美理想，然何謂「遒」？《文選》五臣注在〈與吳質書〉「公幹有逸氣，但未遒耳」句注曰：「遒，盡也，言未盡美也。」[48]鍾嶸對謝

---

47 蕭統〈答湘東王求文集詩苑書〉一文可見明張溥：《重校精印漢魏六朝百三名家集》（臺北：文津出版社，1979 年 8 月），頁 3274。此處蕭統文中「遒」字，或有異文，如《全梁文》作「逮」，引見嚴可均：《全上古三代秦漢三國六朝文》（北京：中華書局，1958 年 12 月），頁 3064。且其句意在陳述創作達文質彬彬境界之難，非指遒鍊勁健之意，孫氏恐略有誤解。

48 此本《文選》五臣注呂延濟之說，引見蕭統著、俞紹初校注：《昭明太子集校注》，（鄭州：中州古籍出版社，2001 年 7 月），頁 156。

朓「遒逸」之評，謂其詩句警秀有力，此與孫氏對「遒」意
的理解當最為接近。孫氏謂：

> 遒之為言健也，勁也，文而不能遒鍊，必失之弱。
> 為駢體者，即取其說，以玩索當時之文，庶不敢病
> 其卑靡矣。（頁八左～九右）

可知「遒」不僅止於盡美之意，更有積極的意義，可謂氣之
美學極致表現。此正可與前引劉師培「文章有勁氣，能貫串，
有警策而文采傑出者乃能生動」[49]之理相證也。追求遒鍊勁
健之駢體，正可使文氣不致趨於浮弱卑靡，這種氣韻所產生
的剛健力量，非屬外在、陽剛之性質，而是內在、陰柔性質
的，雖不同於散文的壯闊之氣，但卻是孫德謙以為六朝文所
獨有另一種具正面性質的體貌。

「遒鍊」係著眼於作品所營造出的整體美感，因為孫德
謙認為六朝駢文體貌之美，並不僅侷限在偶對求工、平仄務
諧等形式技巧層面，而是由於「通篇氣局」，造成了自然、
渾融一體之美感。故謂「句對宜工，但不可失之湊合，或有
斧鑿痕」（頁六十八右），正說明孫德謙以為「氣局」、「氣
韻」仍優先於句對形式的觀點。如他舉兩篇文句為例：

> 江文通〈建平王聘隱逸教〉：「周惠之富，猶有漁潭
> 之士；漢教之隆，亦見樓山之夫。」謝朓〈辭隨王子
> 隆箋〉：「潢污之水，願朝宗而每竭；駑蹇之乘，希

---

49 引見〔清〕劉師培：《漢魏六朝專家文研究》（臺北：臺灣中華書局，
  1982 年 3 月），第七〈論文章有生死之別〉，頁 26-27。

> 沃若而中疲。」姑舉此兩篇,並不諧協,此足徵古人
> 為文,本不拘拘於音律也。(頁六十八右～左)

例中如「周惠－漢教」、「漁潭－棲山」、「水－乘」等,
未平仄嚴對,音律和諧之精準程度固然不足,但卻能顧及表
意功能而免於斧鑿湊合之病。因此又指出:

> 故余論駢文,平仄欲其諧,對切欲其工。苟有志乎
> 古,所貴取法六朝也,在通篇氣局耳。往嘗作一篇
> 成,取六朝文涵泳之,觀能否合其神韻,有不善
> 者,則應時改定。彼貌為高古,但求形似者,吾無
> 取也。(頁六十八左)

「氣局」,蓋即氣度格局[50],概念頗類於「氣象」,亦屬氣
之審美範疇,重視的是作品通篇渾融一體、整體格局宏闊之
美感,而並非著意於細節局部,也非精雕細琢的形似之美,
這種強調渾融自然的神韻之美,既為六朝文值得取法之特
長,也是創作所追求的一種自然趨勢與理想境界,由此以觀,
六朝文過於注重儷偶、用典、練字、聲律等藻飾要素及形式
技巧的既定印象,以及駢體因藻豔氣弱而頗受擯黜的評價,

---

50 「氣局」之語,亦常見於詩話評詩,如〔明〕陸時雍:「七言古,盛
於開元以後。高適當屬名手,調響氣佚,頗得縱橫,勾角廉折,立見
涯涘,以是知李杜之氣局深矣。」引見《古詩鏡‧總論》(臺北:臺
灣商務印書館,1970 年)頁 16a;又〔清〕袁枚:「士君子讀篋破萬
卷,又必須登廟堂,覽山川,結交海內名流,然後氣局見解,自然闊
大。」引見《隨園詩話‧卷四‧二十九》(臺北:頂淵出版社,2004
年 3 月),頁 112。由此可見「氣局」用語著眼於宏闊氣度格局之審
美特性。

當可進一步獲得商榷與釐定。

四、《六朝麗指》論氣韻與句法之關係

凸顯六朝文章的氣韻，顯然為孫德謙一項具有指標意義的重要文學觀，然氣韻是作品所呈現的上乘境界，是富含生命力的整體美感，其本身雖非完全藉由表達形式技巧等單一方面因素而來，卻也絕非憑空而生，故六朝文如何透過句式靈活調整的手法以成就氣韻自然之美感特徵？孫德謙又如何看待創作方法對於氣韻的影響？本節將從幾個文句經營的創作手法進一步說明其間可能的對應關係，而由此可知六朝文章氣韻美感的探索，當更為有跡可循。

（一）巧用虛字，添動盪之美

駢儷文特重對偶之精工，然刻意強調句式之整飭，易致平板單調，文氣僵滯，一般在「氣無奇類，文乏異采」的狀況下，即難免「碌碌麗辭，則昏睡耳目」[51]的庸冗之病。故孫德謙認為可透過少許虛字穿插其中，予以調節，使文句靈活饒富變化，甚至可發揮提點的作用。他指出：

> 作駢文而全用排偶，文氣易致窒塞，即對句之中，亦當少加虛字，使之動宕。六朝文如傅季友〈為宋公

---

51 引見劉勰：《文心雕龍・麗辭》，王更生：《文心雕龍讀本》（臺北：文史哲出版社，1985 年 4 月），下篇頁 134。

求加贈劉前軍表〉：「俾忠貞之烈，不泯於身後；大
賚所及，永秩於後人。」任彥昇〈宣德皇后令〉：「客
游梁朝，則聲華籍甚；薦名宰府，則延譽自高。」丘
希範〈永嘉郡教〉：「才異相如，而四壁徒立；高慚
仲蔚，而三徑沒人。」或用「於」字，或用「則」字，
或用「而」字，其句法乃栩栩欲活。至庾子山〈謝滕
王集序啟〉：「譬其毫翰，則風雨爭飛；論其文采，
則魚龍百變。」更覺躍然紙上矣。然使去此虛字，將
「譬其」、「論其」易為藻麗之字，則必平板，而不
能如此流利矣。於是知文章貴有虛字旋轉其閒
（間），不可落入滯相也。（頁十一右～左）

駢體句型以四六偶數相配為多，形式固然工整，然相同句式
大規模排疊，則不免庸冗平滯，缺少靈活之氣，故若有虛字
穿插，使四字句改易為五字句，則音節錯落變化，無疑可發
揮動宕流利的效果，對於大量排偶堆砌所造成的文氣滯塞之
弊亦有補救之用。如所引各例中「於」、「則」、「而」等
虛字，均將原本「四－四」之隔句對調整為「四－五」之句，
音節較為舒緩，語意在「則」字之強調、「而」字之轉折作
用下，句法較可免於板滯阻澀，意旨也更顯得疏朗明暢。虛
字「旋轉其間」做為調節，可不致於「落入滯相」，並可增
添文句錯落動宕之美，頗有溝通駢散的作用。除發揮調節文
句的作用之外，孫德謙以為虛字有貫通篇章血脈之功能，主
張「文亦有血脈，其道在通篇虛字運轉得法」之說，其謂：

夫文而用駢體，人徒知華麗為貴，不知六朝之妙，
全在一篇之內，能用虛字使之流通。不讀宋武帝〈與
臧燾敕〉乎？其文云：「頃學尚廢弛，後進頹業，衡
門之內，清風輟響。良由戎車屢警，禮樂中息，浮
夫近志，情與事染。豈可不敷崇墳籍，敦厲風尚？
此境人士，子姪如林，明發搜訪，想聞令軌。然荊
玉含寶，要俟開瑩；幽蘭懷馨，事資扇發。獨習寡
悟，義著周典。今經師不遠，而赴業無聞，非惟志
學者鮮，或是勸誘未至耶？想復弘之。」中所有「良
由」、「豈可」、「不與」、「非惟」、「或是」等
字，即是血脈貫注之處。倘後人為之，純用對偶，
而無虛字流通於其間，無怪人之鄙薄駢文也。且六
朝匪特全篇時用虛字，雖造成聯語，亦必用虛字，
乃見句法流動耳。（頁二十八左）

虛字使句法參差靈活，活化原本駢儷的嚴整體製，並可將前
後句意加以聯繫通貫。如所舉宋武帝〈與臧燾敕〉一文，是
劉裕寫給太學博士臧燾的詔書，書中對當時學尚廢弛、禮樂
中息之狀況頗表憂心，故期能藉臧燾之力誘導士子向學，以
弘揚儒風。文中「良由」、「豈可」、「非惟」、「或是」等
即屬於領句的虛詞，是將脈絡予以貫串之樞機，此即孫氏所
謂「血脈貫注之處」，不僅對句式有伸縮之用，也頗具詮解
文意或振提、推展意旨的作用。進一步來看，「良由」引出
廢弛頹業之原因，「豈可」轉而指出敦厲風尚之必要性，雖
然子姪含寶懷馨，仍待磨礪濡染，而今經師近在，然卻赴業

無聞，原因便在於「非惟志學者鮮」，「或是勸誘未至」，欲藉勸誘臧燾以弘揚學風之命意，透過虛詞居中流動承轉，表達得相當從容委婉。可見虛字不僅只是相對於實字的陪襯，其實在「去之則言語不足，加之則章句獲全」[52]的原則下，仍可發揮「彌縫文體」[53]的積極功能。古田敬一對此指出：

> 只注意六朝駢文的華麗，看不到文中運用虛字使血脈流通的優點。只沈溺於華麗，便是浮豔。只有既用詞用字華麗，又巧妙運用表示文章要點的虛字，駢儷文才能有生氣，才能成為句法流動、有深度和深味的文章，成為具有「神韻」的文章。始終羅列華麗的用語，沒有神韻，都會墮入輕薄文章一類。[54]

也正好點出了虛字「據事似閒，在用實切」的調節與點睛之重要作用。

　　綜觀而言，孫德謙認為虛字若能適時「旋轉其間」、「流通其間」，不僅可避免文氣窒塞，並可有助於句法的靈動、血脈的流通，而當文氣能上下通貫，自能促進氣韻之生成與流動。此正乃孫氏所推崇六朝文之妙處，也是使駢體不致淪於浮豔而受鄙薄之一大創作要法。

---

52 引見〔唐〕劉知幾撰、〔清〕浦起龍：《史通通釋‧浮詞第二十一》（臺北：里仁書局，1993 年 6 月），頁 158。

53 此處根據《文心雕龍‧章句》：「據事似閒，在用實切。巧者迴運，彌縫文體。」引見王更生：《文心雕龍讀本》（臺北：文史哲出版社，1985 年 4 月），下篇頁 121。

54 引見〔日〕古田敬一：《中國文學的對句藝術》（臺北：祺齡出版社，1994 年 9 月），第七章第一節〈孫德謙的駢文論〉，頁 498-499。

（二）駢散兼行，暢疏逸之氣

有鑑於駢儷體製「全用排偶，文氣易致窒塞」（頁十一右）的不良效果，孫德謙積極主張「駢散合一乃為駢文正格」（頁二十六左），認為駢散兼行，寓散於駢，使敘事、論理各得其宜，此不僅可有別於純駢、純散體製，並有助於氣韻的展現，對於駢四儷六的僵滯體式頗具活絡作用。孫氏指出：

> 文章之分駢散，余最所不信，何則？駢體之中，使無散行，則其氣不能疏逸，而敘事亦不清晰。（頁十九右）

可知散行句在文章中均扮演著調節的關鍵功能，與虛字運轉文句之間的作用近同，兩者共相彌綸，可疏通篇章血脈，並能有裨於表意之清晰、文氣之疏逸。以實際文例來看，如孫氏舉南朝宋傅亮（季友）〈為宋公至洛陽謁五陵表〉一文為例：

> 臣裕言：近振旅河湄，揚斾西邁，將屆舊京，威懷司雍。河流遄疾，道阻且長，加以伊洛榛蕪，津塗久廢，伐木通逕，淹引時月。始以今月十二日，次故洛水浮橋。<u>山川無改，城闕為墟，宮廟墮頓，鍾簴空列</u>，觀宇之餘，鞠為禾黍，廛里蕭條，雞犬罕音，感舊永懷，痛心在目。以其月十五日，奉謁五陵。墳塋幽淪，百年荒翳，天衢開泰，情禮獲申，故老掩涕，三軍悽感，瞻拜之日，憤慨交集。行河

南太守毛脩之等，既<u>開翦荊棘，繕修毀垣，職司既</u>
<u>備，蕃衛如舊</u>。伏惟聖懷，遠慕兼慰，不勝下情。
謹遣傳詔殿中中郎臣某奉表以聞。（頁十九左，並
依據《文選》卷三十八校）

此篇行文以四言句式為主，除「山川無改，城闕為墟」、「宮
廟隳傾，鐘虡空列」、「開翦荊棘，繕修毀垣」、「職司既
備，蕃衛如舊」等為較嚴整的駢儷句型（下加底線者）之外，
其他多屬散行句。孫氏對此評謂：

> 此篇竟同散文，幾無偶句，但究不得不以駢文視
> 之，蓋所貴乎駢文者，當玩味其氣息。故六朝時雖
> 以駢偶見長，於此等文，尤宜取法。彼以駢、散畫
> 為兩途者，盍將季友輩所撰一讀之？若以斯文入之
> 散文中，其有以異乎？（頁十九左～二十右）

故當「玩味其氣息」時，可見其散行之際仍兼具駢儷之氣，
此與純駢體或純散文有明顯區別。依孫德謙「駢散合一乃為
駢文正格」的觀點，六朝文中不以嚴整駢偶句式成篇，而能
兼用駢散的文章亦足為取法之典範。其高度推崇六朝駢散兼
行之體，以為此體最能營造舒緩、疏逸之氣。錢基博對此觀
點指出：

> 主氣韻，勿尚才氣，則安雅而不流於馳騁，與散行
> 殊科；崇散朗，勿矜才藻，則疏逸而無傷於板滯，
> 與四六分疆。[55]

---

55 引見錢基博：《現代中國文學史》（臺北：明倫出版社，1972 年 8 月
三版），頁 117。

張作棟也認為：

> 孫德謙所提出的劃分駢文、散文的重要標準是文章
> 內在的氣韻，正是其重要創見；而「駢散兼行」則有
> 助於這種舒緩氣韻的形成。[56]

孫氏所標榜的駢散兼行之文章體製，有別於散體之「流於馳
騁」，也不同於標準四六體之「傷於板滯」，而最具「安雅」、
「疏逸」之風，因此也可謂是最足以凸顯六朝文章神采及舒
緩氣韻的體製特點。

（三）潛氣內轉，行開合之法

虛字在篇章中固然有貫通血脈之作用，但孫德謙認為另
有不用虛字者，其上下文氣表面似不相接，然文氣卻能自然
而然承轉而下，其中「開合變化，有令人不可探索者」，此
即所謂「潛氣內轉」。其指出：

> 蓋余初讀六朝文，往往見其上下文氣似不相接，而
> 又若作轉，不解其故，得此說乃恍然也。試取劉柳
> 之〈薦周續之表〉為證：「雖汾陽之舉，輟駕於時艱，
> 明揚之旨，潛感於窮谷矣。」上用「雖」字，而於「明
> 揚」句上，並無「而」字為轉筆，一若此四語中，下
> 二語仍接上二語而言，不知其氣已轉也。所謂「上抗
> 下墜，潛氣內轉」者，即是如此，每以他文類推，無

> 不皆然。讀六朝文者，此種行文秘訣，安可略諸？
> （頁八右～左）

「上抗下墜」，蓋指上下語句間文意之落差，然為使文氣不致造成中斷，故需加以連貫，使文意若即若離。由所舉例可見，一組隔句對中雖未用連接詞「而」作前後語意之轉折，其意即已暗轉而下。「潛」即謂此種句法類似陽斷陰連，可使文理於內在的開合轉折中，依然能銜承自如，文氣疏緩而不迫促，這雖屬潛性的章句作法[57]，但卻與氣韻之形成有連帶關係。奚彤雲對此手法之特殊表達效果指出：

> 六朝駢文語句間，表面斷而不續，實質上卻如藕斷絲連，內藏著一股迴腸浩蕩之氣，能夠使全文前後呼應，音韻和諧，所以其文氣歸根結底是深藏不露而又運轉自如的。這正凸現了駢文因以藻飾為尚，又兼顧情理表達而產生的特殊藝術形態。[58]

余祖坤也指出此種手法的藝術目的，謂：

> 「潛氣內轉」除了強調駢文要擺脫排偶句式對意脈的束縛之外，還體現了中國古典文章學對僵化章法的

---

57 關於章法之潛顯，如陳滿銘謂：「章法有顯性和潛性之分。……語言文字方面的組合銜接方式，是看得見摸得著的，是一種顯性章法。內容的組合和銜接不能直接觀察，是潛性章法。運用一定形式標誌表現出來的章法關係，是顯性章法。不用明顯標誌表現出來的章法關係，是潛性章法。」引見《章法結構原理與教學》（臺北：萬卷樓圖書公司，2007 年 4 月），頁 124。

58 引見奚彤雲：《中國古代駢文批評史稿》（上海：華東師範大學出版社，2006 年 10 月），頁 145。

> 摒棄，對自然渾成之美的崇尚和對含蓄之美的追
> 求。[59]

駢體文章固然在句式上有較嚴整的規律，然文氣在「潛氣內轉」之法的運用下，得以自然渾成，通貫無跡，因而較顯得內斂，是表達上兼顧藻飾與情理的一種手法。至於「潛氣內轉」與「開合」之間的關係，可從孫德謙以下所舉例子之陳述來看：

> 作駢文宜於排偶之中，以開合行之，四句平列，則不善矣。陸倕〈豫章王拜後敕教〉：「非有沛獻矜嚴，空紆青組；東平智思，徒舉赤帷。」其意蓋謂：「非有沛獻矜嚴，而空紆青組；非有東平智思，而徒舉赤帷。」是此文於兩句中，有開合之法在也。（頁三十二左～三十三右）

所謂開合係指出句與對句，分別以一開一合的方式組成，使一組隔句對中亦見開合轉折，如此既避免四句並列直敘而易產生平直複沓之感，並可增加行文的波瀾。然孫氏所舉陸倕之文例，則係一句中之上下半句自成開合，上半句言己條件之「非有」（開），下半句則言所受君上恩寵之至（合），前後對比出矛盾，「而」字在句中雖省略未用，但文句即隱有驟轉之意。此不用連接詞的開合法，文意更為簡淨，轉折之旨亦較為隱微，效用其實亦近同於「潛氣內轉」，均為六

朝行文之「深層特徵」[60]，是以孫氏指出：「讀六朝文，最當識其開合之妙。」（頁三十三右）另外，再以孫氏所舉蕭統〈陶淵明集序〉一例來看：

> 宜乎與大塊而盈虛，隨中和而放任，豈能戚戚勞於憂畏，汲汲役於人間？齊謳趙女之娛，八珍九鼎之食，結駟連騎之榮，侈袂執圭之貴，樂既樂矣，憂亦隨之。……又楚子觀周，受折於孫滿；霍侯驂乘，禍起於負芒。饕餮之徒，其流甚眾。唐堯四海之主，而有汾陽之心；子晉天下之儲，而有洛濱之志。輕之若脫屣，視之若鴻毛，而況於他人乎？[61]

孫氏據此指出：

> 自「齊謳」至此，不細為推尋，幾疑接上「豈能」兩句之後，不知其辭氣已轉也。……「唐堯」之上文為「饕餮之徒，其流甚眾」，意不聯貫，而於「唐」字上且無虛字，蓋其氣則又轉也。（頁三十五左）

該文「豈能」兩句述生命倏忽即逝，實無戚勞庸碌之必要；而「齊謳趙女」等句則另起，列舉衣食器用之樂及伴隨而來之隱憂，前開後合，略具因果相承關係；「饕餮之徒，其流甚眾」句，謂貪婪之輩甚眾（合），而「唐堯四海之主」以

---

60 「深層特徵」係相對於藻飾之「表層特徵」而言，參奚彤雲：《中國古代駢文批評史稿》（上海：華東師範大學出版社，2006 年 10 月），頁 162。
61 節引自〔梁〕蕭統：〈陶淵明集序〉，〔晉〕陶潛著、逯欽立校注：《陶淵明集》（臺北：里仁書局，1985 年 4 月），頁 9-10。

下等句，則述逃遁隱居之願，顯然另起新局（開），語意亦有大轉。以上兩處並無類似「故若」或「夫惟」的連接詞或發語詞為上下文句銜承，但語意卻自然在開合之間轉折過渡，前後得以貫通。故孫氏據此進一步歸納讀文之法：

> 故讀六朝人文，須識得潛氣內轉妙訣，乃能於承轉處迎刃而解，否則上下語氣，將不知其若何銜接矣。（頁三十五左）

孫德謙將「潛氣內轉」視為六朝文之「真訣」、「秘訣」、「妙訣」，即因此句法不僅是理解承轉精妙處的讀文關鍵，與氣韻之表現亦有直接關聯。

（四）斷岔足收，盡抑揚之妙

　　孫德謙對六朝文之讀法及作法領悟極深，故《六朝麗指》書中時能見到他會心有得的提點。如他舉要分析各類潛性的章句作法在文章體製中所扮演穿針引線的功能，雖相當隱微，甚至頗難感知，然若細細尋繹，仍可見其使語意表達更為迂迴曲折的特殊效果，此無疑為孫氏「握睇籀諷，垂三十年」之讀文心得結晶。以下分別說明：

　　首先為斷字之訣，孫氏認為「古人文字有前後不甚直接，往往別出他語，其中忽斷者」（頁十四右），並舉沈約（441－513）〈梁武帝與謝朏敕〉之文句為例：

> 沈休文〈梁武帝與謝朏敕〉嘗謂：「山林之志，上所宜弘，激貪勵薄，義等為政。」或謂此四語夾敘夾

議，即所謂斷字訣也。然則左氏之入解經語，其真訣實在此。若休文是敕，使於「實寄賢能，匡其寡闇」後便接「自居元首」云云，亦極調達。今不然者，以此知文章之妙，不在急急上續，而在善斷也。且嘗謂四句於此處不用斷筆，氣弱而促矣。（頁十四右）

〈梁武帝與謝朏敕〉原文文句為：

吾以菲德，屬當期運。鑒與吾賢，思隆治道。而明不遠燭，所蔽者多。實寄賢能，匡其寡暗。嘗謂山林之志，上所宜宏；激貪勵薄，義等為政。自居元首，臨對百司。[62]

文中「嘗謂山林之志」等四句為議論之筆，突然截斷上下文意，並夾在前後敘事之中，語氣看似中斷，但卻頗有振提文氣，接合敘議的作用，並避免敘事一貫而下的「氣弱而促」之病。

其次為岔入句，與前述斷字訣類似，是適時停頓、岔開之法，以形成「若斷若續、不即不離」的宕逸效果，孫德謙指出：

六朝文中，有為後人不能學者，往往於此句之下，玩其文氣，不妨以入後數語，在此緊接中間，偏運以典雅之辭，一若去此，則文無精采，而其氣亦覺薄弱者。（頁三十二右）

---

[62] 〈梁武帝與謝朏敕〉引見〔清〕許槤編、曹明綱譯注：《六朝文絜譯注》（上海：上海古籍出版社，1999年6月），卷二，頁72。

可見在文句緊接之際，綴加典雅之辭，不僅可增加文章精采，亦可免於氣弱之病。孫氏舉傅亮（374—426）〈為宋公修張良墓教〉一文為例，其原文云：

> 塗次舊沛，佇駕留城，靈廟荒頓，遺像陳昧，撫事懷人，永歎寔深。過大梁者，或佇想於夷門；游九京者，亦流連於隨會。擬之若人，亦足以云。可改構棟宇，脩飾丹青，蘋蘩行潦，以時致薦。抒懷古之情，存不刊之烈。[63]

孫氏以為「撫事懷人」兩句之後可直接與「可改構棟宇，修飾丹青」相接，其中「過大梁者，或佇想於夷門」等幾句引用《史記‧魏公子列傳》及《禮記‧檀弓》趙文子之典，則屬從旁岔入的「典雅之辭」，意在將「撫事懷人之情」轉為「撫事懷人之人」[64]。孫氏因此指出：「此種若斷若續、不即不離。試刪此『過大梁』云云，不將失之直率乎？」可見所岔入的典故句不僅不會成為贅辭，反而是使語氣不致闇淡迫促，也無失於直率的一種筆法。

再者為足句法，即在文章中增補一二語使文意文氣更為完足，如孫氏舉例指出：

---

63 〈為宋公修張良墓教〉一文，《文選李善注》作〈為宋公修張良廟教〉，引見〔梁〕蕭統編、〔唐〕李善注：《文選注》（臺北：藝文印書館，1991 年 12 月），卷三十六，頁 516。

64 此處參據王益鈞：《孫德謙駢文理論研究》（香港：香港中文大學中國語言及文學課程碩士論文，2006 年 12 月），第三章第八節，頁 157。

作為文字，有必增加一二語而後神完氣足者。梁簡
文帝〈與劉孝儀令〉：「自阮放之官，野王之職，棲
遲門下，已踰五載。同僚已陟，後進多升，而怡然
清靜，不以少多為念，確爾之志，亦何易得？」文至
此，亦可頓住矣，似不待煩言，而其氣已極酣足。
乃復云：「西河觀寶，東江獨步，書籍所載，必不是
過。」此即足句法也。不然，「亦何易得」以下，正
可直接下文「吾昔在漢南」云云，而必足此「西河觀
寶」數語者，誠以苟不如此，則文氣不足也。（頁四
十七左～四十八右）

在語意頓住之處，再綴入數句於其後，作為意旨之引申或補
充，語意不僅不致有冗贅之感，反而更能有助於神完氣足的
表達效果。如例中「西河觀寶」幾句用典，正可作為前後緩
衝，若刪略之，使前句驟然與下文承接，則語氣即不免稍嫌
直接而少含蓄之味。

　　最後為收縮法，孫德謙認為六朝文可透過「收縮」之句
法來收束奔放之勁氣，並能有助於形成語氣的抑揚頓挫，然
所謂收縮之法意指為何？從孫德謙所舉幾則實例來加以觀
察：

宋武帝〈孝建元年詔〉：「而頃事無巨細，悉歸令僕，
非所以眾材成構，羣能濟業也。」陳後主〈太建十四
年詔〉：「而口柔之辭，儻聞於在位，腹誹之意，或
隱於具僚。非所以宏理至公，緝熙帝載者也。」兩文
格律，如出一轍。使後人為之，「非所以」三字，必

易為「將何以」矣。邢子才〈請置學及修立明堂奏〉：
「加以風雨稍侵，漸致虧墜，非所謂追隆堂構，儀
刑萬國者也。」雖「所以」易為「所謂」，正同此氣
格。牛里仁〈請開獻書之路表〉：「非所以仰協聖情，
流訓無窮者也」，亦然。昔人論書，有「無垂不縮」
之說，今不曰「將何以」而曰「非所以」或「非所謂」
者，是即縮之法也。凡文章有貴勁氣直達者，然不
明乎收縮之法，而但使一往奔放，則不能得抑揚頓
挫之妙矣。（頁四十九右～左）

由此處文例可見所謂收縮法，係將一路直下、勁氣直達之文
句收束停斷後，再以否定語氣翻轉，使肯定陳述句與否定句
同行並用，在一揚一抑中造成頓挫效果。各例中均有「非所
以」或「非所謂」，其作用即在垂（揚）而後縮（抑），使
直達奔放之氣能稍加縮斂，故收縮句法亦能有助於遒鍊氣韻
的形成。

五、結　語

劉勰謂：「綴慮裁篇，務盈守氣。」（《文心雕龍・風
骨》）氣是詩文作品達致藝術層次的重要力量，也是傳統以
來作家經營文章體製時不可或缺的創作修養，其關鍵性自不
容忽視。孫德謙嘗云：「余於六朝駢文，專揣摩其氣息」（頁
十三右），他在三十餘年的揣摩誦習中，對六朝文章頗有深

會，故從正面看待六朝文，極力凸顯其宕逸舒緩、氣韻悠閒的一面，並將「氣韻」標舉為六朝文最為重要的美感特質，以彰顯六朝駢體應有的地位與價值，自與多數駢文論者專注於儷偶、用典、練字、聲律等藻飾要素及形式技巧之取向角度有別，另對於歷來文家鄙薄六朝駢體缺乏生氣之成見而言，亦頗有澄清的重要意義。他不僅屢屢強調六朝文重氣韻這一高層次的美感現象，更採「甄綜異同」的學術眼光，根據實際文例分析較論氣韻的創作及表現方式，故可視為《六朝麗指》一書中所標舉最具有指標意義的文學觀，對於今日重新審視六朝文學價值而言頗有實際效益，而作為「來學之津逮」[65]的借鑒價值，相信也是值得肯定的。劉麟生即從駢文發展歷史肯定氣韻自然之說的價值，指出：

> 讀者試一觀駢散進化之迹，古合而今分，駢文演變為四六文後，氣格方傷於板滯，則上項氣韻自然之說，實可為吾人之準繩，而為今後駢文應取之方針也。[66]

此也正凸顯了氣韻自然說在駢文創作理論上所可能發揮的重要影響及意義。

茲綜理本章研究所得，主要有下列幾項：

一、「氣韻」是蘊蓄於作品之內，超越於外，並互為交融的

---

65 此根據馮煦為《六朝麗指》作序之語云：「甄綜異同，叶殊徵於吐鳳；掎摭利病，邁絕作於雕龍。洵乎前哲之流別，來學之津逮矣」。

66 引見劉麟生：《中國駢文史》（臺北：臺灣商務印書館，1990 年 12 月臺六版），頁 164。

美學特徵，代表作品的生命力，亦是文章能否成為感人佳作之關鍵，其以自然天成為可貴，雖非完全藉由形式技巧等單方面因素而致，卻也並非憑空而來，仍不免需藉由藝術手法之助，方能達致。孫德謙繼承傳統文氣論之概念並有所發展，以為六朝文以氣韻勝，並蘊含內在生氣，成為《六朝麗指》一書甚具獨特性的觀點。

二、孫德謙重新審視六朝文的美感，以為「氣韻幽閒，風神散蕩」最得其體貌之神。本文即從「疏宕得神，不矜才使氣」、「氣體閒逸，得陰柔之妙」、「氣極遒鍊，貴通篇氣局」等三方面，分析六朝文之體貌，以具體詮釋並凸顯「氣韻幽閒，風神散蕩」特質的涵義。由此可見六朝駢體絕非只是對偶、用典或繁縟藻飾的形式化產物，其通篇所展現之氣韻更是使作品不致流於卑靡，且最能富於美感價值的一大關鍵。

三、創作手法與氣韻之間仍然存在著某種程度上的因果關係，亦即氣韻仍可藉由一些句式以達致。如巧用虛字，穿插於句中調節，能添動宕之美；駢散兼用，活絡純粹駢體的僵滯體式，可以暢疏逸之氣；潛氣內轉，使文理於內在的開合轉折中，依然銜承自如，故文氣自能疏緩而不迫促；另外則可利用斷字訣、岔入句、足句法、收縮法等，使語意表達更有迂迴曲折的效果，以曲盡抑揚之妙。由此可見六朝文章氣韻美感的探索，當不致流於虛泛，且更為有跡可循。

總之，孫德謙強調氣韻，由氣韻的美學觀念來看六朝文，不僅凸顯其頗具靈動、充滿生氣的體貌，也詳細探討六

朝文如何擅用文句經營的創作手法以使氣韻生動。凡此可見六朝駢體也絕非僅是對偶、用典或繁縟藻飾的形式化產物，其尤佳者，亦可擺脫蕪累之習，並展現氣韻天成之精神氣質，而這正是使作品不致流於卑靡，且最能富於文章美感價值的一大關鍵。而這樣的文學審美觀，對於駢體流於形式僵滯、文氣冗弱此類由來已久之評價，可藉以獲得進一步的釐清，而六朝駢儷體製的美學意義，當也能得到更為合理的詮釋及理解。

第五章　《六朝麗指》論駢文之用典

一、前　言

　　吟詠情性、為情造文是作家創作的原點，而直抒胸臆、抒發真情實感則更是作家展現個人風采的理想境界；然為配合表述的需要，適時援引古事成辭，往往可發揮豐富內容、強化文意等佐助表達的效果。用典是對前事故實進行加工，用截取、剪裁或融化等方式，以豐富作品事義，其不僅為作家展示自己博通才學的手段，也是創作時常見的修辭策略，尤其更可說是駢體所強調的一大特徵。唯其運用仍有巧拙高下之別，用典巧者，自能使作品內涵豐實，具有「眾美輻輳、表裏發揮」之妙；然亦可能因運用不當、或者過於生僻晦澀，使原本情理淹沒在繁多典故之中，造成閱讀困難，模糊了焦點，甚至可能因刻意炫博，句句引用僻典，致作品「殆同書抄」，而難以避免掉書袋的堆砌之病，連帶影響作品內涵的理解，如同黃侃所謂「文勝而質漸以漓，學富而才為之累，此則末流之弊」[1]。劉永濟曾指出：「表現之法，有適當之限度，不及則人不能領略，即為晦昧或不完全之表現；太過則

1　引見黃侃：《文心雕龍札記‧事類第三十八》（臺北：文史哲出版社，1973 年 6 月再版），頁 185。

更無領略之餘地，即為淺露或簡單之表現。」[2]用典大致也應
循如此原則，過與不及皆未必能有益於文學表現。尤其用典
之習由來已久，確實同時具有正負面的效應，時至今日，仍
存在仁智互見的討論空間。

　　六朝作家盛行在詩文作品中徵引羅列典故，狀況確如同
蕭子顯（489—537）所謂「緝事比類，非對不發」、「全借
古語，用申今情」[3]，然而作家若一味追求博識鴻采，熱衷於
隸事技巧，卻反而可能使作品內容受到形式的牽制，以致「頓
失清采」，此實有違創作初衷，並可能衍生用典流弊。在蕭
子顯之前，鍾嶸（468—518）即已注意到用典問題，並從詩
歌角度分析詩作過度用典所衍生諸多病端，曾明確表達反對
的批判立場，他指出：

> 夫屬詞比事，乃為通談。若乃經國文符，應資博
> 古；撰德駁奏，宜窮往烈。至乎吟詠情性，亦何貴
> 於用事？「思君如流水」，既是即目；「高臺多悲
> 風」，亦唯所見；「清晨登隴首」，羌無故實；「明
> 月照積雪」，詎出經史？觀古今勝語，多非補假，皆
> 由直尋。顏延、謝莊，尤為繁密，於時化之。故大
> 明、泰始中，文章殆同書抄。近任昉、王元長等，
> 詞不貴奇，競須新事。爾來作者，寖以成俗。遂乃
> 句無虛語，語無虛字，拘攣補納，蠹文已甚。但自

---

2 引見劉永濟：《文學論》（北京：中華書局，2010 年 7 月），頁 68。
3 引文〔梁〕蕭子顯：《南齊書·列傳三十三·文學》（北京：中華書
　局，1972 年 1 月），頁 908。

> 然英旨，罕值其人。詞既失高，則宜加事義。雖謝
> 天才，且表學問，亦一理乎。[4]

鍾嶸認為比事為創作之「通談」，但詩作以抒發情性為主，未必需以用事為尚,故歷來名篇勝句多自出胸臆,直抒感受。然隨時代發展,爭奇取巧的風氣愈演愈烈,詩句創作競相羅列典實,追求無一語無來歷,卻不顧牽強附會,如此不僅盡失「自然英旨」,難以展現作者妙才,作品也漸淪為考據材料。鍾嶸從詩的立場立論,反對詩作刻意拼湊典事,頻繁用典,旨在批評南朝詩風,頗能切中用典之肓繁。但從文章的角度而言,他以為「經國文符」、「撰德駁奏」之類的文章符命、駁奏文告,理應儘量稱引前人事蹟,以增強話語的說服力,故「資博古」、「窮往烈」之用典是配合表達的實際需要,未必需全盤否定,只要運用得當,仍能在「眾美輻輳,表裏發揮」之中,使情理會合巧妙,故從積極性而言,用典當有不容抹煞的正面價值。

用典是藉「據事以類義,援古以證今」[5]之法,以充實作品內容的一項修辭技巧,深受詩文作家推重。劉勰（464—522）將「事義」比擬如體製中之「骨鯁」,顏之推（531—591）則謂為「皮膚」[6],足見其為文章體製中必不可缺的關鍵要素。宋洪邁（1123—1202）曾云：

---

4 引文見〔梁〕鍾嶸：《詩品·序》,引自曹旭：《詩品集注》（上海：上海古籍出版社,1994 年 10 月）,頁 174-181。
5 語見《文心雕龍·事類》。
6 《文心雕龍·附會》：「以情志為神明,事義為骨鯁,辭采為肌膚,宮商為聲氣。」另外,《顏氏家訓·文章》：「文章當以理致為心腎,氣調為筋骨,事義為皮膚,華麗為冠冕」。

> 四六駢儷於文章家為至淺，然上自朝廷命令、詔冊，
> 下而縉紳之間牋書、祝疏，無所不用。則屬辭比事，
> 固宜警策精切，使人讀之激卬，諷味不厭，乃為得
> 體。[7]

屬辭比事，固然是駢儷之文辭藻、用典方面必然存在的特點，可能導致形式僵化，而難免有至淺之譏，然若運用精切得當，則亦能發揮「讀之激卬，諷味不厭」，帶來閱讀的韻味和美感。劉麟生（1894－1980）指出：

> 駢文貴乎鋪陳，尤不能廢用典之習，特典故不可不
> 用，而慎重出之，謀其曼妙，則學駢文者所有事
> 也。[8]

用典既為駢體文章藝術中的一環，擔負著不得不然的修辭任務，更代表著六朝文士追求博雅曼妙的審美趣味，是故駢文學者對於用典的理論及批評觀點，就頗有關注探討的必要，尤其他們如何省思用典問題、如何綜理用典之技巧，如何迴避「事與才爭，事繁而才損」[9]之負面效應，也應是今日回顧六朝文學發展、評估六朝文學價值時應予重視的一項學術課題。

　　孫德謙認為「駢體文字以六朝為極則，作斯體者，當取

7　引見〔宋〕洪邁：《容齋三筆》（北京：中華書局，2005 年 11 月），卷八，頁 517。
8　引見劉麟生：《駢文學》（上海：商務印書館，1934 年），頁 41。
9　引自〔北朝〕顏之推著、王利器編：《顏氏家訓集解‧文章篇》（臺北：漢京文化事業，1983 年 9 月），頁 249。

法於此」（頁一右），並指出「六朝者，駢文之初祖也」（頁二右），故《六朝麗指》尊六朝文為麗辭駢儷之軌範，書中極力推崇六朝駢儷之優勢、掘發其「遒鍊雋逸，使人玩不厭繹」（頁三左）的藝術特點，對於「六朝之閎規密裁」也有具體的總結與概括。他以為「文章運典，於駢體為尤要，考之六朝，則有區別焉」（頁二十七右），故對用典問題抱持高度關注的態度，他舉任昉「失在貪用事，故不能有奇致」之病為例，進而明確指出：

> 文章之妙，不在事事徵實，若事事徵實，易傷板滯。後之為駢文者，每喜使事，而不能行清空之氣，非善法六朝者也。（頁五十三左）

可見他主張以「清空」而不「板滯」為行文之前提與原則，並且認為密集徵事引典也未必是善法六朝駢體的作法。若進一步來思考，用典何以為駢體之尤要？六朝時期文章用典有何特殊性？與其他時代駢體用典有何較為明顯的區別？其書具體歸結「運典五例」，對於用典的藝術性有具體的綜理，然而用典之正面效益究竟為何？以孫德謙看待駢體用典的立場，他提出怎樣不使文章板滯的創作理則？凡此類問題，均為本章所要關注的重點。本章綜合彙理《六朝麗指》書中相關條目，並將一一進行闡述釐清，期能透過多層面的檢討與綜合，以審視駢體用典的正面價值，並進而凸顯《六朝麗指》所發揮的理論意義。

二、《六朝麗指》論六朝文用典的特殊性

　　《六朝麗指》以六朝駢體文章為立論及批評的重心，駢體一向重視麗辭用典之事，是故孫德謙亦主張「作文必須用典，駢文中尤當引證故實，為之敷佐」（頁四十二右），但他卻不以辭藻豔麗之追求為目標，並自正面進行多角度立論，探求如何使駢體不致流於卑靡僵滯之病。故全書對於用典法則、用典藝術，甚多關注，不僅提出「羅列舊典，貴能變化」的觀點，有關六朝駢體用典的特殊性也頗有強調，以突顯其與一般四六、律賦或與宋人之文用典不同之處。本節綜理出三項，並予以說明：

（一）深得比興之旨

　　在作品中使事用典，除了發揮切喻事理的作用，也能藉以含蘊影射，使意趣更為深遠曲隱，其表達效果其實猶如比興，達到「婉曲語」[10]之效果，故所謂「緝類新奇，會比興之義；窮形抒寫，極渲染之能」[11]，此「比興之義」、「渲染之能」正是駢體諸項行文技巧所形成的文學美感。清李兆洛（1769－1841）曾謂：

---

10 如錢鍾書謂：「隸事運典，實即『婉曲語』（periphrasis）之一種，吾國作者於茲擅勝，規模宏遠，花樣繁多。駢文之外，詩詞亦尚。用意無他，曰不『直說破』，俾耐尋味而已。」詳參見錢鍾書：《管錐編》（臺北：蘭馨室書齋，出版年月不詳），第四冊，二三〇則「全陳文：駢偶之文」，頁 1474。
11 語見《六朝麗指‧自序》。

> 蓋指事欲其曲以盡，述意欲其深以婉。澤以比興，
> 則詞不迫切；資以故籍，則言為典章也。[12]

此亦提及指事述意類的文章宜有曲盡深婉的含蓄表現，而「澤
以比興」、「資以故籍」的用事手法，即大致能對此有所助
益，可見用典隸事之法在駢體行文中所發揮的關鍵作用。日
本學者古田敬一也曾指出：

> 典故的使用本來就屬於象徵性的表現。即：讀者依
> 據作品所用的典故，對典故所出的原作世界加以想
> 像，把原作的世界拉到眼前，從而進行豐富的文學
> 鑒賞。依據典故的詞語，正因為依據典故，即使是
> 簡潔的表現，也具有使讀者產生豐富的情緒效果。
> 任何典故，既然是典故，就必然具有其本有的特
> 性：象徵性。[13]

可見用典除了「藻麗而富」的裝飾作用之外，實具有象徵性，
並能發揮「意婉而盡」的表達效果[14]。孫德謙所謂六朝文「深
得風詩比興之旨」，蓋即類此。比興並不採直接的表達，而
是採間接、暗示之法，達到言在此而意在彼的作用。從《文

---

12 〔清〕李兆洛：《駢體文鈔・目錄》（上海：上海古籍出版社，2001
年 5 月），中篇序目，頁 7。

13 引見〔日〕古田敬一：《中國文學的對句藝術》（臺北：祺齡出版社，
1994 年 9 月），第七章第一節〈袁枚的典故論〉，頁 455。

14 以上根據劉永濟之說：「用典之貴，在於切意。切意之典，約有三美：
一則意婉而盡，二則藻麗而富，三則氣暢而凝。」引見劉永濟：《文
心雕龍校釋・麗辭第三十五》（臺北：華正書局，1981 年 10 月），
頁 140。

心雕龍・比興》的界定，可明確辨別兩者不同之特點：

> 比者，附也；興者，起也。附理者切類以指事，起
> 情者依微以擬議。起情故興體以立，附理故比例以
> 生。比則蓄憤以斥言，興則環譬以寄諷。

劉勰認為「比」法旨在「切類指事」，是以近似事物來比附
情理；「興」則以「依微擬議」為要，根據隱微處來興發內
在蓄積之情；而「蓄憤以斥言」、「環譬以寄諷」則強調了
作品當有感而發，並以述志為本，而非為文造情。孫德謙即
據此而謂：

> 詩有六義，一曰比，一曰興。後世詩賦家，切類指
> 事，環譬託諷，則恆有之。吾讀六朝駢文，觀其遣
> 詞用意，深得風詩比興之旨。（頁四右）

徵引典事屬於遣詞用意過程中的重要環節，驅遣得當，自能
使作品得到修辭之益。尤其當作品所引典事具有「切類指事」、
「環譬託諷」的說喻性質時，其典即蘊含比興之義，此即非
僅為材料之堆垛，而且更具有個人情性，豐富表達的效果。
至於實際運用情形，從孫德謙所舉三個文例來看：

> 劉孝儀〈謝東宮賜城傍橘啟〉：「寧以魏瓜，借清泉
> 而得冷；豈如蜀食，待飴蜜而成甜。」庾慎之〈謝東
> 宮賜宅啟〉：「交垂五柳，若元亮之居；夾植雙槐，
> 似安仁之縣。」又〈謝賚梨啟〉：「事同靈棗，有願

還年；恐似仙桃，無因留核。」即由此三篇言之，六
朝文字猶有詩人比興之遺焉。（頁四右）

所引三例均屬於謝恩小啟，文中將所謝之物以前人相關典事
引入比況之，如用「魏瓜」、「蜀食」之典，以況昔人果物
均不如太子所賜贈橘，以「五柳」、「雙槐」比況所賜居宅
環境，以「靈棗」、「仙桃」等仙果比況所受贈之梨子，文
句均不及一謝字而致謝之意自然流露，可知用典能使文意更
為曲折間接，故所謂「六朝文字猶有詩人比興之遺」，可見
六朝駢體用典實為詩文創作修辭傳統遺風的延續，有其運用
及存在的合理性。

（二）斷章取義，課虛成實

　　就引用的內容及性質而言，典故有事典和語典之分。前
者是援引前人典事，發揮「據事以類義，援古以證今」的作
用；後者僅引用其語彙，以印證、補充、對照作者的本意[15]。
孫德謙認為六朝文使用語典，時有以虛作實之例，亦即在引
用古籍時，把較為人所熟悉的本詞隱藏省略，並以另一部分
代替本詞，此運用剪裁語句方式，相當於今日修辭學所謂「藏
詞」法。先從一則他根據《顏氏家訓》所舉文例的辨說來看：

　　《詩》云：「孔懷兄弟。」孔，甚也；懷，思也，言
　　甚可思也。陸機〈與長沙顧母書〉述從祖弟士璜死，
　　乃言：「痛心拔腦，有如孔懷。」心既痛矣，即為甚

---

15 參閱黃慶萱：《修辭學》（臺北：三民書局，2002 年 10 月，修訂三
　　版），頁 125。

> 思，何故言有如也？觀其此意，當謂親兄弟為「孔
> 懷」。《詩》云：「父母孔邇。」而呼二親為「孔邇」，
> 於義通乎？（頁四十五左）

孫德謙以為顏之推駁論觀點甚是，指出：

> 此辨陸氏之文不應以兄弟為「孔懷」，并援「孔邇」
> 為證，意謂「孔懷」可作兄弟，「孔邇」亦可名父母
> 矣。駁斥極是。（頁四十五左）

可見孫德謙也並不全然贊同此種截取部分文句、割裂文義以
為藏詞的引用之法，但他又指出「六朝文中，如此者頗多」，
故特別提出，以為可作為文章讀解之常例。再舉其他幾則文
例，如：

> 任彥昇〈為范尚書讓吏部封侯第一表〉：「遠惟則哲，
> 在帝猶難。」《書》：「知人則哲。」蓋以「則哲」
> 為「知人」矣。謝玄暉〈謝隨王賜左傳啟〉：「籯金
> 遺其貽厥。」王仲寶〈褚淵碑文〉：「貽厥之寄。」
> 《詩》：「貽厥孫謀。」是又以「貽厥」作「孫謀」
> 解矣。彥昇〈又為庾杲之與劉居士虯書〉：「實望賁
> 然。」《詩》：「賁然來思。」蓋望其來也，而「賁
> 然」二字，即作來字用之。（頁四十六右）

此處三例，以「則哲」為「知人」、以「貽厥」為「孫謀」、
以「賁然」為「來思」，皆明顯運用藏詞之法，作家硬將原
文斷章截句以造成新語，然其句均不成義，若不詳究出典，

實難明所以。誠如孫德謙所云：

> 蓋斷章取義，古人有焉，而課虛成實，則始於魏
> 晉，六朝人觸類引申之。然讀其文者必達此意，苟
> 未明乎運用之故，語將有不可通者矣。（頁四十六右）

此法固然非六朝專屬之行文特色，卻發揚盛行於六朝[16]，透
過此「課虛成實」之法，從其正面而言，可以截換造新，不
僅使語言在避陳取新中達到陌生化的作用，亦頗有奇巧而婉
曲的表達效果；然就其負面而論，則因割裂文義，於義難通，
則實非所宜。

　　其次，孫德謙認為古人引書有略其文而僅用其意之行文
慣例，但六朝文運用語典，則時見「不惟其意，而惟用其文」
的現象，亦即不引其事，也不用其本意，而僅節錄文字，此
斷章而不取義，屬於運用語典的一種方式。先從書中所舉的
文例及解說來看：

> 沈休文〈齊故安陸昭王碑文〉有云：「起予聖懷，發
> 言中旨。」夫「起予者商也」，見於《論語》。「予」
> 者，孔子自謂也。今用「起予」兩字，不過言能起聖
> 懷耳，其意則不合矣。往讀《韓詩外傳》，其引《詩》
> 也，皆不必本意，則此例昔賢已有之。……即此以

---

16 陳鵬《六朝駢文研究》書中指出：「大量使用藏詞法的時代是南朝劉
　宋時期」、「齊梁時期，尤其是梁代，藏詞法的使用達到了高峰」，
　並引用大量例證說明「藏詞法主要運用於六朝駢文中，已成為六朝駢
　文的一個重要修辭手段」，可見藏詞確為六朝駢體行文之一大特點。
　詳參《六朝駢文研究》（成都：巴蜀書社，2009 年 5 月），第五章第
　二節，頁 244-250。

　　　　明休文之引用「起予」，特在文字耳。若論休文之所
　　　　本，應休璉〈與廣川長岑文瑜書〉「謹書起予」，是
　　　　古人有行之者。以此書所言「起予」者，亦祇用一
　　　　「起」字耳。……要之，皆是用其文而已矣，於意云
　　　　何，則不復問也。（頁三十八左～三十九右）

此處以沈約〈齊故安陸昭王碑文〉「起予聖懷」之文句為例，
認為其所用「起予」本於《論語》，且屬於僅節引其文字，
並未徵其事用其意之文例。按《論語・八佾》：

　　　　子夏問曰：「『巧笑倩兮，美目盼兮，素以為絢兮。』
　　　　何謂也？」子曰：「繪事後素。」曰：「禮後乎？」
　　　　子曰：「起予者商也！始可與言詩已矣。」[17]

此處原指孔子言子夏能發明己意，故後人用其語，則指能啟
發他人之懷。類似用法仍多，如更早的應璩〈與廣川長岑文
瑜書〉亦用「謹書起予」，或者後來韓愈、蘇軾等文家詩句
中亦時見沿用此法之例。[18]

　　另外，孫德謙又指出尚有「證以經傳，若不知其為隸事
者」之情形，此類用法較為特別，其「引用古籍以虛作
實」，是一種「藏詞」式的語典。先以孫氏所舉傅亮（季友）
（374－426）〈為宋公修張良廟教〉一文為例略觀其要：

---

17 引見〔宋〕朱熹：《四書集註》（臺北：學海出版社，1984 年 9 月），
　　頁 68。
18 實例如韓愈〈量移袁州張韶州端公以詩相賀因酬之〉：「將經貴郡煩
　　留客，先惠高文謝起予。」蘇軾〈答任師中家漢公〉：「我時年尚幼，
　　作賦慕相如。侍立看君談，精悍實起予。」

夫盛德不泯，義存祀典；<u>微管之歎</u>，撫事彌深。張
子房道亞黃中，照鄰殆庶，風雲玄感，蔚為帝師，
夷項定漢，大拯橫流，固已<u>參軌伊望，冠德如仁</u>。
若乃交神坁上，道契商洛，顯默之際，窅然難究，
淵流浩瀁，莫測其端矣。[19]

孫德謙對文中「藏詞」用法指出：

傅季友〈為宋公修張良廟教〉、任彥昇〈為范始興作
求立太宰碑表〉，一則言「冠德如仁」，一則言「道
被如仁」。所謂「如仁」者，亦本《論語》孔子之稱
管仲有「如其仁，如其仁」之說，蓋以「如仁」隱切
管仲也，何以知「如仁」之隱切管仲？觀傅氏文上云
「參軌伊望」，則此「如仁」兩字，豈非就管仲而言
乎？不明稱管仲，以「如仁」代之者，兩家文中，或
云「微管之歎」，或云「功參微管」，所以避複出，
亦其運典之新奇，但取暗合也。（頁四十九左～五十
右）

傅亮此文先引「微管之歎」之典，後有「參軌伊望，冠德如
仁」之典，其中「伊（伊尹）望（呂望）」為上古名臣，「如
仁」之指涉，則因與其並列，顯指管仲，故誠如孫氏所指，
兩者前後暗合隱切，且為避重複而用截取成辭之法，如此表

---

19 引見〔梁〕蕭統：《文選》（臺北：藝文印書館，1991 年 12 月），
　　卷三十六，頁 516。

達較間接，顯然較一般藏詞法更為隱晦。[20]孫德謙雖未主張完全避免此種用法，但卻認為「可通」實為運用之前提，並以「明乎運用之故」為閱讀六朝文的先備原則。

（三）引成語重改易與剪裁

六朝文使用語典，除如上述有以虛作實之特點外，另有引用既成語句時加以改易或剪裁者，而不直接全引照錄，此當屬語典的一種活用。畢竟典故當以融合活用為貴，學者所謂「用典而不能融化，即有生吞活剝之嫌。」[21]孫德謙指出：「六朝文士引前人成語，必易一二字，不欲有同鈔襲」（頁二十三左），以為此當是六朝文用典常例與特點，其法既可避免襲用之病，又能有助於展現陶鍊文辭的剪裁之巧。從他所舉的幾則實例來檢視：

> 沈休文〈梁武帝與謝朓敕〉：「不降其身，不屈其志。」此用《論語》「不降其志，不辱其身」，「志」、「身」既互易，而「辱」又易以「屈」字矣。梁簡文〈與劉孝儀令〉：「酒闌耳熱，言志賦詩」，此用魏文帝〈與吳質書〉「酒酣耳熱，仰而賦詩」，「酣」易為「闌」，「仰而」則易「言志」矣。梁武帝〈請徵補謝朓何胤表〉：「窮則獨善，達以兼濟。」此用

20　王益鈞對此指出：「『如仁』與『管仲』並非連綴出現的，後者是前者所指涉的對象而已。截取字面而暗藏其所指涉的對象，比起一般的藏詞語，語意更隱晦了。」詳參王益鈞：《孫德謙駢文理論研究》（香港：香港中文大學中國語言及文學課程碩士論文，2006年12月），第三章第三節，頁117。

21　引見劉麟生：《駢文學》（上海：商務印書館，1934年），頁44。

《孟子》「窮則獨善其身，達則兼善天下」，「其身」、「天下」直為刪去，而「以」、「濟」二字，乃以易「則」、「善」矣。又休文〈修竹彈甘蕉文〉：「每叨天功，以為己力。」此用《國語》「貪天之功，以為己力」，而「貪」、「之」兩字，又易以「每叨」矣。陳後主〈與詹事江總書〉：「言不寫意。」此用《易》「書不盡言，言不盡意」，今「盡」則亦為「寫」字矣。王孝籍〈上牛宏書〉：「乏強兄之親。」此用李密〈陳情表〉「內無期功強近之親」，其省字不必言，「強近」之「近」則易以「兄」字矣。凡若此者，悉數難終。（頁二十三左～二十四右）

此處「不降其身，不屈其志」、「酒闌耳熱，言志賦詩」、「窮則獨善，達以兼濟」、「每叨天功，以為己力」、「言不寫意」、「乏強兄之親」等六例，皆本於經典或名篇中的佳句[22]，並加以改易，化古語為新詞，匠心獨運，渾然無跡，亦頗合乎劉勰所謂強調「用人若己」的原則。此種引成語而改易剪裁的情形，應是相當普遍的現象，故孫德謙謂：「蓋引成語而加以翦裁，以見文之不苟作，斯亦六朝所長耳，彼宋人則異是。」六朝文與宋文之別，正在此也。錢基博

---

[22] 此處孫德謙以為〈修竹彈甘蕉文〉「每叨天功，以為己力」引《國語》「貪天之功，以為己力」，案其原典實本於《左傳·僖公二十四年》：「晉侯賞從亡者，介之推不言祿，祿亦弗及，推曰：『獻公之子九人，唯君在矣，惠懷無親，外內棄之，天未絕晉，必將有主，主晉祀者，非君而誰，天實置之，而二三子以為己力，不亦誣乎，竊人之財，猶謂之盜，況貪天之功，以為己力乎？』」此當為其引用之根柢。引見楊伯峻編著：《春秋左傳注》（高雄：復文圖書出版社，1991 年 9 月），頁 418。

（1887—1957）《駢文通義》謂：

> 六代初唐，語雖襞積，未有生吞活剝之弊。至宋而
> 此風始盛，運用成語，隱括入文，然有餘於清勁，
> 不足於茂懿。[23]

鍾濤也指出：

> 六朝駢文在使用古事古語，往往不是直接對原典加
> 以引用，而是將原典鎔鑄為新的詞語，用在句
> 中。……對原典進行濃縮提煉，自鑄新詞，加以表
> 達的方法，在六朝駢文用典中是很常見的手法。[24]

均大致點出六朝行文運用古事成語能善加鎔鑄點化，力避生
吞活剝之病的特點。

三、《六朝麗指》論用典的五大類型及其功效

　　孫德謙從正向積極面看待用典的意義，並凸顯六朝文用
典之特點，故除了以上所舉三項特殊性之外，他又基於「文
章運典，於駢體為尤要，考之六朝，則有區別焉」（頁二十
七右），具體釐析歸結出六朝文常見的用典五例，同時可由

---

23 引自于景祥：《中國駢文通史》（長春：吉林人民出版社，2002 年 1
　月），頁 655。

24 引見鍾濤：《六朝駢文形式及其文化意蘊》（北京：東方出版社，1997
　年 6 月），頁 145-146。

五種類型，來看用典的功能及效果，其區分相當細膩，且專從駢體角度著眼，不僅可見到六朝文運典技巧成熟之一斑，對於六朝駢體化典成文的表達藝術而言，也可說提供了一項深入理解的門徑。以下即根據孫德謙所訂之分類及標題，從其典型文例逐項舉要闡釋，以明其要義：

（一）陳古況今，以足文氣

「陳古況今」係援引古人事以譬況今情，「陳古」是手段，「況今」是目的，此為用典的基本類型。其大致接近現今修辭學所謂之「借喻」，省略「本體」及「喻詞」，僅留「喻依」，亦即將譬喻視為正文，在篇章中具有「借題發揮」的作用。[25]

以梁簡文帝蕭綱（503－551）所作〈敘南康簡王薨上東宮啟〉為例，原文照錄如下：

> 方當逸足長衢，克固藩屏。而峰摧璧毀，一朝雲及。綱兄弟各從王役，東守西撫，常願陪承甲館，同奉畫堂，預得西苑賦文，北場旋食。豈謂不幸，獨隔昭世，異林有悲，飛鳴斯切。伏惟殿下，愛睦思深，常棣天篤。北海云亡，騎傳餘薰；東平告盡，驛問留書。嗚呼此恨，復在茲日。[26]

---

25 詳參陳望道：《修辭學發凡》（臺北：文史哲出版社，1989年1月），頁82-84。

26 原文引見〔明〕張溥：《漢魏六朝百三名家集·梁簡文帝集》（臺北：文津出版社，1979年8月），頁3364。

蕭綱此文敘寫自己和弟弟蕭繹深篤的感情，並觸發生離死別
的愁緒。至文末：「伏惟殿下，愛睦恩深，常棣天篤」將為
上文收束之際，又補敘「北海云亡，騎傳餘藁」、「東平告
盡，驛問留書」兩則典故事蹟，比況自己與弟弟的愛睦之情，
最後以「嗚呼此恨，復在茲日」之歎收結。再就典故的出處
來看，「北海」兩句，其事根據《後漢書》所載：

> （北海敬王）睦能屬文，作春秋旨義終始論及賦頌數
> 十篇。又善史書，當世以為楷則。及寢病，帝驛馬
> 令作草書尺牘十首。立十年薨。

另外，「東平」兩句，其事亦根據《後漢書》：

> （東平憲王）蒼還國，疾病，帝馳遣名醫，小黃門侍
> 疾，使者冠蓋不絕於道。又置驛馬千里，傳問起
> 居。明年正月薨，詔告中傳，封上蒼自建武以來章
> 奏及所作書、記、賦、頌、七言、別字、歌詩，並
> 集覽焉。[27]

兩者俱為君為臣弟病疾而設驛傳書之事，而蕭綱文中引此兩
事作為比況，顯然強化加深了君臣兄弟之間的愛顧友睦之
情。劉永濟對此兩則典事之用意闡釋謂：

> 此啟既以北海東平，喻南康才望之美，復以騎傳驛
> 問，見東宮友愛之深，表意既婉而盡，敷藻尤為盛

---

27 兩事分別見《後漢書·宗室四王三侯列傳第四》，卷十四；《後漢書·
　光武十王列傳第三十二》，卷四十二，引見〔南朝宋〕范曄：《後漢
　書》（臺北：樂天出版社，1974年3月），頁557及1441。

麗。上文愛睦二語，既已用虛詞稱美，下文不舉古
事以相儗，則文氣流而不凝，蓋駢文行氣，貴在疏
密相間也。[28]

此即明確點出將古事與今情相況擬，能充分發揮「意婉而
盡」、「氣暢而凝」的表達效果。孫德謙對此指出：

倘無北海兩人故事，文至「愛睦」二語，不將窮於辭
乎？故古典不可不諳習也。有此古典，藉以收束，
而文氣亦充滿矣。（頁二十七右）

可見用典之法不僅能使文氣蘊蓄豐厚，也頗有補濟文氣不足
的功能，亦即當文意將收至於窮盡時，藉引用前人相關事蹟
作為比況，以強化情意表現，此可有助於文氣之收斂完足；
倘若本篇敘述至此，未引典即戛然而止，文中追悼不捨之情
味，即因猝然收束，而略顯不足。

（二）借以襯托，用彰今美

運用相關典故從旁陪襯，凸顯主體的意義，使所敘寫的
人事物主體更為鮮明，其法近於修辭學所謂之「映襯」[29]。
作為陪襯的人事物（賓），當與主體（主）形成相似、相對、
相反的關係，方可發揮「彰今美」的對照效果。

以隋代盧思道（子行）（535－586）〈為百官賀甘露表〉

---

28 引見劉永濟：《文心雕龍校釋‧麗辭第三十五》（臺北：華正書局，
　　1981 年 10 月），頁 140。
29 「映襯」又可名為「襯托」、「陪襯」、「對照」、「對比」等，詳
　　參汪國勝等：《漢語辭格大全》（南寧：廣西教育出版社，1993 年 2
　　月），頁 587-598。

為例：

> 昔魏明仙掌，竟無靈液；漢武金盤，空望雲表。豈
> 若神漿可挹，流味九戶之前；天酒自零，凝照三階
> 之下。[30]

魏明帝、漢武帝等君王建置「仙掌」和「金盤」，蓋均有承
接清露而祈求長生的目的[31]，然清露難得，而「神漿可挹」、
「天酒自零」，上天普降甘霖，能滋潤萬民，實屬「曠代祥
符，前王罕遇，休矣美矣」之事。文中「豈若」兩字作為分
隔，其前「仙掌」、「金盤」之典屬陪襯（賓），其後則為
主要文意（主），藉以凸顯天降甘霖之祥兆要比君王長生更
能發揮澤世濟民的影響作用。孫德謙謂：

> 此借以襯託，用彰今美也。故典實不必確切，猶「仙
> 掌」等事，雖亦可以擬，尚不如今之甘露，真為瑞應
> 也。（頁二十七右）

此種映襯，以相對事物陪襯對照，當屬對襯。孫德謙以為此
猶如畫家的烘托技法，並又舉一例云：

---

30 引見〔清〕李兆洛：《駢體文鈔》（上海：上海古籍出版社，2001 年
　　5 月），卷十四，頁 213。
31 《漢書・郊祀志上》：「其後又作柏梁、銅柱、承露僊人掌之屬矣。」
　　蘇林注：「仙人以手掌擎盤承甘露。」顏師古注：「《三輔故事》云：
　　『建章宮承露盤高二十丈，大七圍，以銅為之，上有仙人掌承露，和
　　玉屑飲之』。蓋張衡〈西京賦〉所云『立脩莖之仙掌，承雲表之清露，
　　屑瓊蕊以朝餐，必性命之可度』也。」引見〔漢〕班固撰、〔唐〕顏
　　師古注：《漢書・郊祀志》（臺北：洪氏出版社），卷二十五上，頁
　　1220。

> 聞之畫家有烘託法，於六朝駢文中則往往遇之。梁
> 元帝〈謝東宮賜白牙縷管筆啟〉云：「昔伯喈致贈，
> 纔屬友人；葛龔所酬，止聞通識。豈若遠降鴻慈，
> 曲覃庸陋。」蓋其引伯喈兩人事，以見今之所賜出於
> 東宮，上四語即是烘託法也。（頁四左）

梁元帝蕭繹（508—555）此文引蔡邕（伯喈）、葛龔兩人贈
禮之事，以凸顯東宮所賞賜白牙縷管筆之彌足珍貴，「纔屬」、
「止聞」極寫其酬贈之庸常，與「豈若」兩句產生前後對照
的效果，前者為賓，後者為主，賓為主襯，明顯亦為襯托法
之運用。孫德謙指出：「六朝佳處，學者當善體之。」（頁
五右）可見襯托法，其隸事典型大致是以「古時某甲遠不若
今之某乙」之行文思維，為六朝駢體作法常例。

　　另外，借前人典事以襯托今事，行文常以「豈若」、
「豈直」、「豈唯」等詞語領起以表意[32]。茲以沈約（441—
513）〈齊故安陸昭王碑文〉文中一段用典為例：

> 惟公少而英明，長而弘潤。風標秀舉，清暉映
> 世。……弈思之微，秋儲無以競巧；取暌之妙，流
> 睞未足稱奇。……譽滿天下，德冠生民。蓋百代

---

32 關於此一行文常例，如鄭宇辰曾針對徐陵、庾信兩家用典之例做過相
　關整理，詳請參考鄭宇辰：《徐庾麗辭之形式與風格》（臺北：花木
　蘭出版社，2012年3月），頁109—113。

之儀表，千年之領袖。曾不慭留，梁摧奄及。豈唯
僑終蹇謝，興謠輟相而已哉！[33]

安陸昭王蕭緬，為齊高帝蕭道成之兄蕭道生之子，齊明帝蕭
鸞之弟。明帝與之甚為友愛，沈約為朝廷重臣，故下筆之際
多用褒讚稱揚之語，如引用多位古人事蹟與齊安陸昭王蕭緬
相提並論，然皆「無以競巧」、「未足稱奇」，足見其藉比
擬以烘托推崇讚美之意；另外「豈唯僑終蹇謝，興謠輟相而
已」二句，則指安陸昭王所受民眾愛戴懷念，又超過春秋鄭
大夫子產、秦大夫蹇叔，其引前事為典以「彰今美」的用意
明顯可知。

（三）別引他物，取以佐證

有別於前項以相對事物對照陪襯之反襯，此項所指係以
他類而相似之事物做為佐證，其烘托之法，類於「正襯」[34]。
以庾信（513—581）〈為齊王進赤雀表〉之文開頭為例：

南陽雉飛，尚論秦霸；建章鵠下，猶明漢德。當今
天不愛寶，地必呈祥，自應長樂觀符，文昌啓瑞。

「南陽雉飛」，是用兩童子化為雉飛入樹林，秦穆得雌雉，

---

33 引文見《文選》卷五十九。另沈約本篇用典之分析，亦見《六朝麗指》
　　頁十一左－十二，及本論文第四節「《六朝麗指》論用典的創作法則」
　　之「比擬之法」，此處分析從略。
34 「正襯」又名「正映」、「正比」、「旁襯」，是將相同、相似或相
　　近事物放在一起描寫，使其互相襯托對比的修辭方法，故不管舉同類
　　或不同類事物為襯，均可歸類為「正襯」。詳參汪國勝等：《漢語辭
　　格大全》（南寧：廣西教育出版社，1993 年 2 月），頁 593-594。

後化為石，而雄雉飛至南陽之事。[35]「建章鵠下」則為《漢書》記載漢昭帝始元元年春二月「黃鵠下建章宮太液池中」之事。[36]作者在文章開篇先將「雉飛」、「鵠下」兩事與進「赤雀」之事相提並舉做為佐證，並有意與「秦霸」、「漢德」對應，從而揭出當今所獻赤雀亦同樣蘊含祥瑞之意。孫德謙指出：

> 題為「赤雀」，而偏舉秦之「雉飛」、漢之「鵠下」，來相附麗，是明知其不類，故用「尚論」、「猶明」以申說之。凡事有無從數典，而行旁證之法者，於斯表可睹矣。（頁二十七左）

兩則用典「別引他物」，雖與後面所襯主題屬類不同，但亦有佐助旁證的作用。

另外可連帶一提，若專從庾信一家行文之慣例來看，其碑銘之類的體製中常在隸事引典之後，綴用「方之於公，差無慚德」、「以此連類，差無慚德」、「異代同榮，差無慚德」、「方之今日，異代同風」、「以今方之，彼有慚德」、

---

35 《搜神記》載此事：「秦穆公時，陳倉人掘地得物，若羊非羊，若豬非豬。牽以獻穆公，道逢二童子。童子曰：『此名為媼。常在地，食死人腦。若欲殺之，以柏插其首。』媼曰：『彼二童子名為陳寶。得雄者王，得雌者伯。』陳倉人捨媼，逐二童子。童子化為雉，飛入平林。陳倉人告穆公，穆公發徒大獵，果得其雌。又化為石。置之汧、渭之間，至文公時，為立祠陳寶。其雄者飛至南陽。今南陽雉縣是其地也。秦欲表其符，故以名縣。每陳倉祠時，有赤光長十餘丈，從雉縣來，入陳倉祠中，有聲殷殷如雄雉。其後，光武起於南陽。」引見〔晉〕干寶：《搜神記》（臺北：里仁書局，1982 年 9 月），卷八，頁 112。

36 其事詳參《漢書‧昭帝紀》卷七。

「方之今日，彼獨何人」等句，以發揮「別引他物，取以佐證」的作用，如以下兩則文句之例[37]：

> 王武子以上將開府，未滿立年；荀中卿為十州都督，才踰弱冠。方之於公，已為老矣。（庾信〈周上柱國齊王憲神道碑〉）

> 衛青受詔，未入玉門之關；竇憲當官，猶在燕山之下。公之此受，差無慚德。（庾信〈周柱國大將軍紇干弘神道碑〉）

此處碑體文句中均旁引他人為襯，以凸顯碑主之行事成就，由此亦可見運用典故常能發揮陪襯的作用。

（四）義頗相符，反若未稱

前項「別引他物，取以佐證」是取他類或不同屬類之事物做為佐證，此項則是以「義頗相符」為取用典故基礎，引用性質相近之事例作為襯托，類於「正襯」，但在主從之間，卻有相當落差，並從「反若未稱」凸顯主體的特出之處。以劉孝儀（484—550）〈從弟喪上東宮啟〉一文為例：

> 雖每想南皮，書憶阮瑀；行經北館，歌悼子侯。不足輩此深仁，齊茲舊愛。

「南皮」典出曹丕〈與朝歌令吳質書〉：「每念昔日南皮之遊，誠不可忘。……元瑜長逝，化為異物，每一念至，何時

---

37 本段所列有關庾信行文隸事之慣例及所舉兩則文例，主要參考鄭宇辰：《徐庾麗辭之形式與風格》，頁101-102。

可言？」後成為鄴下文士宴飲遊樂或詩賦酬酢的代稱；「北館」典出漢武帝〈與秦卓子侯家詔〉：「春時子侯于北館，與家別。」[38]兩則事例其書其歌皆蘊有傷別之情，但與從弟劉遵之喪相比，當屬「義頗相符」之例，然基於此文係將從弟之喪啟告東宮太子蕭統，為表示東宮恩遇之情，故云「不足輩此深仁，齊茲舊愛」，顯有屈彼（從）伸此（主）之意，足見其筆端蘊有深情。故孫德謙對此指出：

> 啟文既上東宮，引「南皮」、「北館」，亦極典雅。猶有「不足」云云，可見他文中所謂「方之蔑如，曾何足踰」，皆是伸此，所以屈彼。然後知羅列舊典，貴能變化，否則何不擇切合者從之乎？（頁二十七左）

這「反若未稱」的用典法，當是反襯、正襯的變化式，就意義表達上而言，其實頗近於今所謂倒反修辭格中的「倒辭」。依據陳望道對倒反修辭所下定義：

> 說者口頭的意思和心裡的意思完全相反的，名叫倒反辭。倒反辭可以分作兩類：或因情深難言，或因嫌忌怕說，便將正意用了倒頭的語言來表現，但又別無嘲弄諷刺等意思包含在內的，是第一類，我們稱為倒辭。……第二類是不止語意相反，而且含有嘲弄譏刺等意思的，我們稱為反語。[39]

---

38 文引見〔清〕嚴可均輯：《全上古三代秦漢三國六朝文・全漢文》（臺北：世界書局，2012年2月五版），第一冊，卷四，頁142。

39 文引自陳望道：《修辭學發凡》（臺北：文史哲出版社，1989年1月），頁136。

屈彼伸此的倒辭，是在難言或嫌忌的場合下的用法，並無寓含譏諷之意，卻能產生委婉的表達效果。

（五）無涉本題，盡力描摹

當文章中用典，並不為了補足文氣，也不是為了正面或反面襯托，聊作鋪寫描摹之筆而已，即屬於此類。如以江總（519—594）〈為陳六宮謝表〉為例，此表是江總為沈皇后謝陳後主盛恩之作，文中先寫晨起梳妝，並寫佳人期待在桂殿蘭房侍奉恩寵的心思，旨在委婉為沈皇后表達謙恭婉約之情，表文作結時運用兩則典故：

> 借班姬之扇，未掩驚羞；假蔡琰之文，寧披悚戴。

「班姬之扇」是用漢成帝時班昭為婕妤，失寵後作怨詩以扇之進用與見棄之事；「蔡琰之文」則是指蔡琰作〈悲憤詩〉，以抒發流離異邦的際遇與感時傷離之情；文中意指即使借用班婕妤的團扇也不能遮掩自己的驚恐羞澀，借了蔡琰的詩文作品，又怎能披呈敬畏尊崇？表文重點在於抒發自己感謝深切的「驚羞」以及自謙文筆不佳的「悚戴」之情，所引兩女之事蹟其實與原題中六宮之對象遭遇並不類同，其意也與謝君聖恩的題旨不甚密合，兩典用意在於「借」、「假」，亦即借用兩事來抒發自己情意，此相當於引用修辭法中的「借用」或「改用」[40]。孫德謙對此闡釋云：

40　如《漢語辭格大全》謂：「引用時原文的意思與本文要表達的意思既不是相同相似，也不是相反相對，只是在某一方面相關，又叫『改用』。」引見汪國勝等：《漢語辭格大全》（南寧：廣西教育出版社，1993年2月），頁568-569。

> 班姬、蔡琰，雖略貼六宮，然文於此，蓋是借其扇
> 以寫「驚羞」，假其文以形「悚戴」。上句言謝，下
> 句言表，故至此亦遂終篇，又足徵文中隨拈往典，
> 與題無關，可以供我驅遣，特在善用之耳。（頁二十
> 八右）

可見隨手拈出前人事典，雖未必切合為文意旨，但只要能驅
遣得體，援用有方，仍可增加文句的生動性和感染力，發揮
妝點描摹的修辭作用。

　　孫德謙主張「羅列舊典，貴能變化」，以上運典五例，
便是孫德謙所歸結出六朝駢體用典的五種主要不同類型，可
見用典之法往往不拘一格，其尤足貴者，當在於能驅遣自
如、靈活巧變，這當是使文章趣味常新的一項修辭策略；而
從孫氏所舉文例，亦可窺見六朝文章隸事技巧的成熟程度，
及其所發揮化典成文的藝術效果。誠如他所謂：「開此五例，
恐未盡言，而六朝運典之法，其牖具於是乎？」此五例各有
所指，概括性強，觀點頗有獨到之處，雖與今日修辭學中所
論述的分類情形有別[41]，但大致仍與所謂借喻、映襯等法原

---

41 關於引用的分類，或依形式分，或依作用分，或依內容分，或依方法
　　分，或依來源分，各家分法不同，蔡宗陽曾綜合整理出古代及當前海
　　峽兩岸修辭專家學者之各家說法，指出有不分類、二分法、三分法、
　　四分法、五分法、十四分法等，說詳見蔡宗陽：〈海峽兩岸引用的異
　　稱與分類之比較〉，《文法與修辭探驪》（臺北：萬卷樓圖書公司，
　　2009 年 6 月），頁 212-235。另羅積勇《用典研究》一書從不同面向
　　及類型研究用典問題，如根據引用標誌的有無，分為明引、暗引；根
　　據引用典故的性質，分為引言、引事；根據典故在文中的使用義跟典
　　故原義的關係，分為同義式、轉義式、衍義式、反義式、雙關式、別
　　解式；根據引用典故的多寡，分為單引、疊引。相關論述詳見羅積勇：
　　《用典研究》（武漢：武漢大學出版社，2005 年 11 月）。

理相應，配合其所舉實例，當可有裨於具體理解用典的功能
與效果。呂雙偉指出：

> 詳細說明六朝駢文用典方式和作用，結合具體的文
> 例闡釋，具有較強的說服力，也是駢文理論史上最
> 為詳細的用典闡釋。[42]

由此可略見其運典五例的理論意義與價值。

四、《六朝麗指》論用典的創作法則

從上述孫德謙對於六朝文用典特殊性的揭舉，以及他對
運典五例的歸納，可見其力求運典靈活、不拘一格的基本態
度；甚而基於典故為駢文體製之要，孫德謙也特別重視駢體
用典的創作法則，但他也同時強調「事事徵實，易傷板滯」，
故多以務實角度看待，以避免文章板滯。本節歸納出「事對
之法，不拘並舉人驗」、「比擬之法，未必取之同倫」以及
「組句之法，屬對寧隘毋泛」等三項，並據以闡釋，對於駢
體用典的創作規律當可有更明確的理解與掌握。

（一）事對之法，不拘並舉人驗

對偶是駢體必備的形式要件，不用任何人事典故者屬於
「言對」，反之則為「事對」。前者「雙比空辭」，空無依

---

42 引見呂雙偉：《清代駢文理論研究》（北京：人民出版社，2011 年 8
　月），頁 282。

傍，全由胸臆直寫；後者「並舉人驗」，徵人之學，當舉古
人古事以成對，所以事對通常較難。關於事對需「並舉人驗」，
孫德謙則辨明指出六朝文事實上未必盡然，故以為事對之運
用無需拘泥，也並非不可變通，而且可以有一定的彈性。他
說：

> 劉彥和云：「事對者，並舉人驗也。」蓋言事對之
> 法，上下當取古人姓名以作對偶耳。其下引宋玉〈神
> 女賦〉云：「毛嬙鄣袂，不足程式；西施掩面，比之
> 無色。」以為並舉人驗，所以為事對者如此。乃吾讀
> 六朝文則不然。庾子山〈周柱國長孫儉神道碑〉：「思
> 皇多士，既成西伯之功；俊德克明，乃定南巢之
> 伐。」西伯，人也；南巢，則地也。以地對人，六朝
> 自有其例，彥和「人驗」之說，亦可不拘矣。至傅季
> 友〈為宋公修楚元王墓教〉：「甘棠猶且勿翦」，「信
> 陵尚或不湮」，則且以人、物作對，何在必舉人驗
> 哉？然而對切求工，彥和要為正論也。夫駢文之
> 難，往往有一事可舉，而貧於作對者，於是上為古
> 人，或借地名、物名，強為之對，此則莊子所謂「無
> 可如何」耳。（頁九左～十右）

此處根據《文心雕龍》之說，並引宋玉〈神女賦〉「毛嬙鄣
袂」、「西施掩面」為例，指出此以古代美女人名互相為對，
對偶工切，屬於事對常例；但另舉庾信（513—581）〈周柱
國長孫儉神道碑〉文中「西伯之功」、「南巢之伐」句，以

地名與人名相對;又傅亮〈為宋公修楚元王墓教〉文中:「夫愛人懷樹,甘棠猶且勿翦;追甄墟墓,信陵尚或不泯」,以人物與樹木相對,兩例均為事對,但似乎非屬工對常例。故孫德謙認為駢體雖以「對切求工」為正道,組句屬對務求工整,用事務求精切,但也無需嚴苛,與其牽強求對,未若從寬變通,使用典的組合上多些彈性及可能性,這固然是無可如何的選擇,但既無損於形式要求,又能對內容表意有益[43]。由此可知「並舉人驗」雖為事對之常法,然孫德謙則認為在此原則下,可以視屬對需要予以變通調整,這當是駢體諸多形式要求中較為務實的一項觀點和作法。

(二)比擬之法,未必取之同倫

用典固然是駢體行文必備的修辭手法,但若不明用典之益,僅為用典而用,甚至刻意句句引典,則文意不免呆板僵滯,作品傳情達意效果也會受到限制,因此,在前節六朝文用典的特殊性時提及「六朝文字猶有詩人比興之遺」,以此觀點為前提,孫德謙又指出:

---

43 王益鈞指出劉勰並未要求「上下當取古人姓名以作對偶」,以為孫德謙或許誤解劉勰原意,但謂「他以通達的態度強調在『貧於作對』和事義相稱的前提下,作家們實不必拘泥於形式,地名、物名、人名都可以互借為對。不過,孫氏強調這只是無可奈何的妥協,他認為『對切求工』才是駢文之正道。孫氏也許誤會了劉勰的有關事對的定義,但他對事類配對的原則,顯然與劉勰最終還是合轍的。他針對歷代文家過分嚴苛的要求,遂在理論上提出了相關的修訂。」其辨正之說頗可備參。引見王益鈞:《孫德謙駢文理論研究》,第三章第二節,頁84。

凡事有古無今有，稽之載籍，而無從採伐者，惟用
比興之體，乃可以因應無窮。昔《莊子》有〈寓言〉
篇，名家如惠施，當時稱其善於譬況，此亦作文之
法也。（頁四右）

意謂用典當能掌握權變之道，在故實有限，無前事可資徵引
搭配時，可徵引連帶相關人事，以比擬譬況的方式，從旁設
譬，用側面事例作為襯托，亦能有利於文意推展，並可避免
枯窘，此正為「比興之體」所發揮效益。進一步而言，當運
用比擬時，在「以切至為貴」、「擇切合者從之」這樣的標
準下，以同類相當之人事為對，屬於一般通則，可避免不倫
不類；然孫德謙卻認為未必皆需取之同倫，其辨析討論，可
謂提示了相當切實的創作法則。先從擬人方面來看，他說：

《禮》有之：「擬人必於其倫。」蓋言以此人比擬他
人，必當得其倫類，不可失之不倫也。乃文家則不
然。以六朝言，沈休文〈齊故安陸昭王碑文〉：「雖
春申之大啟封疆，鄧攸之緝熙岷庶，不能尚也。」又
「南陽葦杖，未足比其仁；穎川時雨，無以豐其
澤。」又「雖鄧訓致劈面之哀，羊公深罷市之慕，對
而為言，遠有慚德。」又「奕思之微，秋儲無以競
巧；取睽之妙，流睇未足稱奇。」又「豈惟僑終寒
謝，與謠輟相而已哉。」一篇之中，凡用古人相擬者，
皆不必取之同倫。此非有背《禮》訓也，誠以作文之
法，苟欲論定一人，援引往哲，豈能稱量而予，毫

> 釐不爽？於是極力模擬，從旁襯而出，以見若人之
> 優美耳。若謂擬失其倫，則非也。（頁十一左～十二）

孫氏對於用典擬人的態度，採取較為寬鬆的標準，故指出「用古人相擬者，皆不必取之同倫」。其舉沈約〈齊故安陸昭王碑文〉中幾組文句隸事為例，皆從側面比擬譬況，以發揮敘述效果，如引用楚春申君黃歇、晉吳郡太守鄧攸、東漢南陽太守劉寬、潁川太守郭伋之典事[44]，亦「不能尚也」，可見均難與比況，此正足以凸顯齊安陸昭王蕭緬生前治理吳地的事蹟恩澤；再者，引用東漢烏桓校尉鄧訓及晉太傅羊祜病逝時人民的哀悼之情，也是「遠有慚德」，皆難以與安陸昭王薨逝後，民眾號哭悲泣以致哀的景況相比擬；另弈秋善弈之技，也未能與蕭緬智思之精微巧妙相比；又春秋鄭國大夫子產、秦國大夫蹇叔死後深受民眾懷念，比擬受僚屬舊友以及人民「均哀共戚」的情感。文中運用了大量類似或相關歷史名人事蹟來襯托，但其共同點，就在於古時人物均難以與今日人物比況，其側面烘托所發揮的的比擬效果相當強烈。此外，這些人物或為太守，或為太傅、校尉，或僅為大夫，從「得其倫類」的層面來看，均難以與安陸昭王蕭緬之皇族身份地位類比，故其典事雖然相關，但嚴格而言，倫類實有區別；然而若要皆取皇族人物相提並論，事實上也是強人所難，所以孫德謙以為此種用典擬人之例，並不屬於「擬失其倫」之疵，只要透過「極力模擬，從旁襯而出，以見若人之優美」，

---

44 以上幾則相關典事可參閱《文選》（臺北：藝文印書館），卷五十九，李善注文，頁 834-835。

就能發揮用典的效果,自無需刻意「取之同倫」。故孫德謙
謂:

> 運典確切,固也,然必參以休文之法,乃不致枯窘
> 耳。(頁十二右)

可見運用比擬固然是隸事思維的一種典型,求其確實貼切為
其創作通則,只是事事徵實,處處求切,實有屬對之難,故
參以沈約行文用例,可明文章運典何以「不致枯窘」的權變
之道。

　　另外,再從擬事的方面來看,孫德謙以為亦可適用同樣
的創作原則,他承上指出:

> 且休文此篇,如「全趙之袨服叢臺,方此為劣;臨淄
> 之揮汗成雨,曾何足稱」,又如「南山羣盜,未足云
> 多;渤海亂繩,方斯易理。」幾通體如此,可謂善於
> 擬議矣。(頁十二右~左)

「全趙之袨服叢臺」典出鄒陽(?—前 120)〈上書吳王〉:
「夫全趙之時,武力鼎士,袨服叢臺之下者,一旦成市」[45];
「臨淄之揮汗成雨」典出《戰國策》「蘇秦為趙合從,說齊
宣王曰:『臨淄之途,車轂擊,人肩摩,連衽成帷,舉袂成
幕,揮汗成雨。』」[46]沈約在此用「全趙」、「臨淄」二典
以形容吳地富庶,人口極眾;另外,引用漢高陵令王遵肅清

---

45 鄒陽〈上書吳王〉一文,引見《文選》,卷三十九,頁 556。
46 引見《戰國策·齊策一》(臺北:里仁書局,1990 年 9 月),卷八,
　　頁 337。

南山群盜事，及渤海太守龔遂以「治亂民猶治亂繩」為喻緩治廢亂二事，以襯出蕭緬治理刑政、風敷教化之功，本事與典故之間略有差異。而其中以武士比況一般百姓，以「亂繩」比況亂民，其性質亦有別，未必「得其倫類」，然基於行文材料需要而加以變通運用，則此類比擬之例仍可謂「善於擬議」。

孫德謙綜合以上擬人與擬事兩方面實例，歸結用典比擬之道謂：

> 文有正面鋪寫，而不足以達之者，可用旁攻側擊之道，否則辭理易窮，將無情采矣。（頁十二左）

可知用典雖以精準確切為原則，但仍應務實看待，無需一味求工求切，故凡正面鋪寫難以達成者，作家可另選擇採用比擬譬況以行「旁攻側擊」之法，如此作品自有情采，且亦能免於辭理困窮。

（三）組句之法，屬對寧隘毋泛

在事對難以「並舉人驗」時，雖可以視屬對需要予以從寬處理，然為了不使用事組句各行其事，流於「典而不雅」之感，孫德謙認為組成排偶隔句對時，應使上下兩句之用典結合共表一意，除有俾於文意之連綴，也可避免事義之鬆散雜湊。他指出：

作文必須用典，駢文中尤當引證故實，為之敷佐。
然上下四句，如每句各自一事，既不聯屬，則失之
太易，幾同雜湊，應兩句為一意。（頁四十二右～左）

典故是文章事義的一部分，若各句用材不相聯屬，則鬆散的
句子結構即無法發揮駢體良好的表意功能。從孫氏所舉多則
例子來看：

> 梁元帝〈次建業詔〉：「爰始居亳，不廢先王之都；
> 受命於周，無改舊邦之頌。」又〈答勸進羣下令〉：
> 「赤泉未賞，劉邦尚曰漢王；白旗弗懸，周發猶稱
> 太子。」沈烱〈勸進梁元帝第二表〉：「比以周旦，
> 則文王之子；方之放勛，則帝摯之季。」王融〈上北
> 伐圖疏〉：「桓公志在伐莒，郭牙審其幽趣；魏后心
> 存去漢，德祖究其深言。」昭明太子〈謝敕賚地圖
> 啟〉：「匹之長樂，惟畫古賢；儔之未央，止圖將
> 帥。」又〈答湘東王求文集詩苑書〉：「不追子晉，
> 而事似洛濱之游；多愧子桓，而興同漳川之賞。」張
> 纘〈謝東宮賚園啟〉：「徙居好時，必待使越之裝；
> 別館河陽，亦資牧荊之富。」諸如此類，不勝枚舉。
> （頁四十二左）

孫德謙對此七例並未加以闡釋，然從組句形式來看，其均為
隔句對，一聯之中前半句引出典事，後半句申述事理；前半
句精簡，製造懸念，後半句詳言，回應懸念；其一提一收，
兩句銜接，語意充分完足，理緒也自比四句各屬一事者要來

得清晰。[47]此即孫德謙所謂:「上為一事,下自為一事,兩句必使連綴,非兩句之內別援事實而不相關涉者也。」(頁四十三右)可見典故材料必須互相連綴關涉,使一聯的前後意義連貫,如此更能充分發揮「為之敷佐」的表意功能。因此孫德謙對此歸結指出:

> 倘不相關涉,而牽率以來,為例過寬,徵之梁元數篇,當不如是。雖法用謹嚴,固有難於屬對者,然寧隘毋泛,則方見駢文之可貴。否則上句為漢,下句為明,如此取便,恐典而不雅矣。(頁四十三右)

點出駢文屬對時,應重視材料涵義之聯繫及文意之連貫,此處所謂屬對取材以「寧隘毋泛」為則,亦即在力求巧妙之際,最好也能兼顧內容意義之精審貼切,方能顯現其難能可貴之處,因此可謂創作一大要則。

　　最後,有關孫德謙歸結屬對運典應秉持「寧隘毋泛」之創作原則,也可從他所分享的一則自身創作實例附帶說明,可見得他對此一原則的體會與應用,其謂:

> 余嘗為人作壽序,其人姓鍾,篇末思用鍾子期及李委壽東坡事。上二句以「牙琴」對「腰笛」,固自典切;下二句始恐「高山流水」,無可作對,久之,憶及李委當時,其服為青巾紫裘,成句云:「牙琴協奏,忝高山流水之知;腰笛橫吹,庶青巾紫裘而

獻。」頗覺為工。若不就本事，則無足稱也。然而自唐以來，如王子安輩，知此者已尠矣。（頁四十三右～左）

此一對句：「牙琴協奏，忝高山流水之知；腰笛橫吹，庶青巾紫裘而獻」，上半聯用伯牙鼓琴鍾子期聽之典，其事見載於《呂氏春秋》，徵引如下：

> 伯牙鼓琴，鍾子期聽之，方鼓琴而志在太山，鍾子期曰：「善哉乎鼓琴，巍巍乎若太山。」少選之間，而志在流水，鍾子期又曰：「善哉乎鼓琴，湯湯乎若流水。」鍾子期死，伯牙破琴絕弦，終身不復鼓琴，以為世無足復為鼓琴者。[48]

下半聯以李委為東坡獻壽一事為典，其事記載於蘇軾〈李委吹笛〉一詩前引語，徵引如下：

> 元豐五年十二月十九日，東坡生日。置酒赤壁磯下，踞高峰，俯鵲巢。酒酣，笛聲起於江上。客有郭、古二生，頗知音，謂坡曰：「笛聲有新意，非俗工也。」使人問之，則進士李委，聞坡生日，作新曲曰〈鶴南飛〉以獻呼之，使前，則青巾紫裘腰笛而已。既奏新曲，又快作數弄，嘹然有穿雲裂石之

48 引見〔秦〕呂不韋編、〔漢〕高誘注：《呂氏春秋・孝行覽・本味篇》（上海：上海書店，1992年6月），卷14，頁140。

聲。坐客皆引滿醉倒。委袖出嘉紙一幅，曰：「吾無
求於公，得一絕句足矣。」坡笑而從之。[49]

此同樣屬於聞樂知音之典事，但非為習見之典，前後兩典雖
為不同時代之事，但仍互有連綴關涉，並非各行其事，在求
工穩之際，確實遵循「寧隘毋泛」之則，也由此可見孫德謙
創作理想原則與實踐之間所呈現的一致性。

五、結　語

陸機（261—303）〈文賦〉云：「傾群言之瀝液，漱六
義之芳潤。」[50]從歷代經典群書中，揀擇精華，取精用弘，
是使自己作品才情更為豐富的絕佳手法。用典隸事不僅是作
品呈現形式美的修辭手段，也與內容的拓展、意旨的深化有
密切關係，故歷來詩文作家和學者對於用典藝術或方法的探
討多抱持重視的態度，而駢儷的用典，也成為中國文學審美
趣味的重要指標。

六朝文章形式技巧達致高峰，用典隸事藝術也相當成熟。
孫德謙《六朝麗指》是六朝駢文研究的集大成之作，他極力
推崇六朝駢儷的優勢及藝術特點，並以「文章運典，於駢體
為尤要」為立論的著眼點，詳細探討六朝文章用典的特殊性。
他並不贊同過度堆砌式的用典，故在書中具體歸結「運典五
例」，細析其功能及效果，並為駢體用典提供有助於創作的

---

49 引見〔宋〕蘇軾著、〔清〕馮應榴輯註：《蘇軾詩集合註》（上海：
　　上海古籍出版社，2001年6月），卷21，頁1104。
50 引見〔梁〕蕭統：《文選》，卷十七，頁245。

法則與規律。其立論雖非面面俱到，角度卻相當多元，也與現今修辭學論述的類型、取向明顯不同，可說是六朝駢體用典範疇中最為翔實切要而又專門的論述，值得加以關注。

在六朝文章用典的特殊性方面，本章主要舉出比興之旨、課虛成實及引成語重改易剪裁等三項，以說明孫德謙突顯六朝駢體用典與一般四六、律賦等用典頗有區別，此論點除可作為讀解六朝文章之常例，亦當有肯定六朝實為駢體正格之用意。

其次，《六朝麗指》書中也具體歸結了「運典五例」，包括「陳古況今，以足文氣」、「借以襯托，用彰今美」、「別引他物，取以佐證」、「義頗相符，反若未稱」、「無涉本題，盡力描摹」等，這五種類型常例，係專由駢體角度著眼，不僅能有助於理解六朝駢體用典的功效，也可作為駢文鑒賞之妙訣，是《六朝麗指》書中理論概括性強，也頗為深刻獨到的一項觀點。

另外，本章綜合彙理孫德謙之論，認為他在「運典五例」的基礎上，除強調駢體用典雖有一定法則，但認為不需一味求工求切而致使文章板滯，一切仍以切實變通為則，如此便能在「隨拈往典」之際發揮「供我驅遣」（頁二十八右）的輔助行文之功。因此，事對不需力求工對、比擬無需刻意取之同倫，以避免枯窘；另外，用典組句切勿四句各屬一事，應使兩句為一意，力求前後連貫，故寧隘毋泛。這些創作法則的見解，整體看來也都相當具體而務實。

《六朝麗指》一書以「文話」型態漫談六朝駢體，雖無嚴整的理論體系，但經彙整綜理，仍可略見其立論的系統性，

尤其孫德謙對於用典問題的見解，涉及層面多元，且有一定
的理論深度，對於審辨駢體創作用典的正面價值頗有助益，
故足可為中國駢體文學研究文獻中的重要里程碑。

第六章　《六朝麗指》在駢體文學史視角下的幾點觀察

一、前　言

　　若說「文學」較偏於感性，屬於感興思維，則「文學史」則多出於理性，屬於理論思維[1]；「文學史」以時代為主軸，描述該時代的文學發展特色，評價重要作家及代表作品，然在描述及評價的過程中，論者多會採取某些視角或特定的史觀[2]，故「文學史」並不等同於文學史料的彙集羅列，目的也

---

1 柯慶明〈關於文學史的一些理論思維〉一文指出：「『文學史』固然和『文學』有關，但是所要與所能的目標，卻與『文學』並不一致。『文學』是藝術，每一個作品，具獨立完整的意涵，當它成功之際，自具感發人心，搖蕩性情的昇華作用。但是以眾多作品、作者為處理對象的『文學史』，卻無法在其自身的陳述中，提供相同的感發作用，它或者提供資訊，轉述資訊，甚至綜輯批評，述記源流，提出獨特的看法與見解。」此處所謂「提供資訊，轉述資訊，甚至綜輯批評，述記源流，提出獨特的看法與見解」顯與情性感發的感性思維有別，故本文此處以理論思維概括。柯氏論文收錄於《臺靜農先生百歲冥誕學術研討會論文集》（臺北：國立臺灣大學中國文學系，2001 年 12 月），頁 184。

2 如俳榮本《文學史理論》指出：「文學史觀是文學史著的靈魂，缺乏文學史觀的史著只能是史　料的羅列。」詳見俳榮本：《文學史理論》（北京：社會科學文獻出版社，2012 年 1 月），頁 229。

不在於進行資訊的轉述,其性質及功能,正如王瑤所謂:「體現一定歷史時期文學特徵的具體現象,並從中闡明文學發展的過程和它的規律性」[3],並且期待能透過文學發展歷史及文學史料呈現的面貌,掌握古今之變,使一個特定歷史時期的文學成就能得到適切的評價。董乃斌《中國文學史學史》對於文學史的理論性質,概括指出:

> 文學史是依據一定的文學觀和文學史觀,對相關史料進行選擇、取捨、辨正和組織而建構起來的一種具有自身邏輯結構的有思想的知識體系。[4]

由此更可見文學史以論述文學發展問題為旨,其論述體系當具有解讀乃至審視史料之史觀及脈絡。劉永濟嘗謂:

> 蓋文學之事,流動不居,作者隨手之變,世風習尚之殊,息息與體制攸關。[5]

文學發展趨勢與創作方法、時代風尚、體製息息相關,而解讀詮釋各要素之間關係,進而給予歷史評斷,正可謂是「文學史論」所欲觀照的重要任務。

　　從著作的性質及型態來看,《六朝麗指》運用傳統文話之理論批評型態——即興式的隨筆,性質雖然並非屬於純粹

3　王瑤:〈《中古文學史論集》重版後記〉,《中古文學史論》(北京:北京大學出版社,1998 年 1 月),頁 344-345。

4　引見董乃斌等:《中國文學史學史》(石家莊:河北人民出版社,2003年 1 月),第三卷,頁 586。

5　引見劉永濟:《十四朝文學要略・敘論》(北京:中華書局,2007 年 10月),頁 11。

的文學史著作，體例也明顯與正史中「文苑傳」、「文學傳」
大異其趣，型態更與今日以時代或體類為綱、分門別類的文
學史專著截然不同，此也正能呈現《六朝麗指》在晚清民初
這樣文化巨變的時期，在舊有學術傳統朝向新式學科研究前
進的一種過渡樣態。然《六朝麗指》其書以「六朝」此一時
代斷限為範疇，聚焦於六朝駢體文學發展趨勢，倘從研究主
題及對象加以梳理開展，其實亦可謂略具「六朝駢體文學史」
之綜論規模與性質。故亦有學者認為此書「宛然一部六朝駢
文史」[6]。

　　「駢文史（駢體文學史）」是文學史的一個環節，其功
能其實有別於「文學理論」，文學理論較偏重於原理、類別、
標準之相關研究[7]，是對於文學現象的反思與總結，至於本章
則嘗試稍予轉向，主要從「文學史」／「文學史論」的視角
著眼，以有別於駢文理論的探討，欲探討範疇及問題如：關
於六朝駢體文學體貌遷變的趨勢，孫德謙有何具體的觀察？
對於六朝重要的駢體文學作家，孫德謙進行怎樣角度的
評析？面對六朝駢文藝術，除了句式美感，孫德謙如何探討
駢文描寫刻畫方面的特點？上述諸項，正是從「駢體文學史」
的視角下所欲進行考察的課題。

---

6 詳參見莫山洪：〈論駢文理論的歷史演進〉，《上饒師範學院學報》
　24 卷 2 期，2004 年 2 月，頁 71。
7 此說主要依據韋勒克及華倫《文學論》之觀點，其書也指出「文學理
　論」包括「文學批評的理論」和「文學歷史的理論」，可見文學理論
　和文學史的關注點及性質有所不同。詳參（美）韋勒克（Rene Wellek）
　及華倫（Austin Warren）著，王夢鷗譯：《文學論》（臺北：志文出
　版社，1992 年 12 月），第四章〈文學的理論、批評和歷史〉，頁 60-61。

故本章擬由「駢體文學史」的視角著眼,主要從體貌及
文學發展趨勢之標舉、作家評論之氣韻審美取向以及摹寫形
容風習之開展等三方面進行重點考察,以凸顯《六朝麗指》
在駢文理論以外,屬於「六朝駢體文學史」性質的論述成果
及學術意義。

二、從「三體」到「四體」:《六朝麗指》
對六朝駢體文學體貌遷變趨勢的標舉

六朝文學的特殊性,固然由特殊時代與文學環境所形成
的文風而造就,其實文學作品本身也呈現了不一樣的體貌。
體貌是作品整體性的藝術形相,概念上大致涵括了作家個人
風格及某類作品的個別風格[8],而根據體貌描述作家作品的整
體美感印象,區分文學演變的類型問題,甚或在新變的文學
思潮下,確立新的文學典範,也就成為文學史論述進而建立
文學史觀的一大目標。

《六朝麗指》對六朝文學的發展趨勢,主要是透過概括
的方式,徵引相關的史書文獻,在書中標舉了「三體」及「四
體」之論,是進一步對六朝時所謂「今體」概念的引伸補充,
可作為綜理六朝文學史發展及風格遷變脈絡的理據,也大致
達到「提供資訊」、「轉述資訊」的功能,但其實條目內容
較少闡論,也未進一步加以開展,然其對六朝駢體文學體貌

---

[8] 有關「體貌」概念及相關界義,可詳參顏崑陽:〈中國古典文學批評
術語疏解一○則:體勢〉,《六朝文學觀念叢論》(臺北:正中書局,
1993 年 2 月),頁 360-367。

遷變趨勢之標舉方面所發揮的意義，仍值得留意。

（一）「三體」與駢體文學

　　蕭子顯（489－537）《南齊書・文學傳論》，為〈文學傳〉後的史家評論，是從齊梁人的眼光來闡述文學發展相關問題，在齊梁文學新變思潮中具有承上（沈約）啟下（蕭綱、蕭繹）之作用。[9]其中概略提及建安、潘陸、江左（東晉）等時期文風之後，又謂「顏謝並起，乃各擅奇；休、鮑後出，咸亦標世」，標舉顏延之、謝靈運、湯惠休及鮑照等南朝名家，並進而歸納出當「三體」，探討宋齊以來詩人三種創作體貌及發展趨向，並分析列舉其流弊，其謂：

> 今之文章，作者雖眾，總而為論，略有三體。一則啟心閑繹，託辭華曠，雖存巧綺，終致迂回。宜登公宴，本非准的。而疏慢闡緩，膏肓之病，典正可采，酷不入情。此體之源，出靈運而成也。次則緝事比類，非對不發，博物可嘉，職成拘制。或全借古語，用申今情，崎嶇牽引，直為偶說。唯睹事例，頓失精采。此則傳咸五經，應璩指事，雖不全似，可以類從。次則發唱驚挺，操調險急，雕藻淫豔，傾炫心魂。亦猶五色之有紅紫，八音之有鄭、衛。斯鮑照之遺烈也。[10]

---

9 可參張慧：〈論《南齊書・文學傳論》與齊梁文學新變〉，《河北北方學院學報》（社會科學版），33卷3期，2017年6月，頁18-22。

10 引見〔梁〕蕭子顯：《南齊書・列傳三十三・文學》（北京：中華書局，1972年1月），頁908。

蕭子顯認為文章是「情性之風標，神明之律呂」、「莫不稟以生靈，遷乎愛嗜」，強調「情性」、「神明」、「生靈」、「愛嗜」在文學創作過程中的關鍵性，故重視文學創作所表現的個性及特徵，因此，「今之文章，作者雖眾，總而為論，略有三體」主要是畫分並歸納南朝宋齊時期作家所展現的三種創作表現傾向或體貌類型，運用「推流溯源」的風格批評方法，其可作為釐清南朝詩文風格演變趨勢的重要線索。[11]第一類是閒曠疏緩，大致類似上引蕭綱所述「競學浮疏，爭為闡緩」的典正板滯之風，常以理語入詩，但較少真情實感[12]，因而不免有「酷不入情」之感，故沈德潛謂宋時「性情漸隱，聲色大開」[13]，此以模山範水著稱的謝靈運及後學者屬之；

---

11 張克鋒《魏晉南北朝文學與書畫的會通》一書針對「推源溯流法」概括指出：「蕭子顯將當時的文章風格劃分為三個流派，概括了各自的特點，並一一找出了淵源，這與鍾嶸先溯其源頭，而後概括其本體特點的做法，雖次序顛倒，但方法卻是一樣的。」詳參見張克鋒：《魏晉南北朝文學與書畫的會通》（北京：中國社會科學出版社，2010年12月），第十一章〈推源溯流批評〉，頁348-349。另外，胡旭〈《南齊書‧文學傳論》三體淵源辨識〉一文指出：「《南齊書‧文學傳論》歷來受到文學評論家的重視，其中關於文學三體的理論，是理清齊代和梁初文學發展、演變的重要線索。」論文收錄於《中國文論的直與曲》（上海：華東師範大學出版社，2010年4月），古代文學理論研究第三十輯，頁196-209。

12 依據王瑤〈隸事‧聲律‧宮體 —— 論齊梁詩〉一文對三體中第一類「酷不入情」有謂：「第一體指模仿謝靈運的一派，這在齊梁已經漸趨減少了，因為大家不喜歡它的『酷不入情』；這情就是宮體詩的男女私情的『情』。」引見王瑤：《中古文學史論》（北京：北京大學出版社，1998年1月），頁299。

13 〔清〕沈德潛：「詩至於宋，性情漸隱，聲色大開，詩運一轉關也。」引見沈德潛：《說詩晬語》，《清詩話》（上海：上海古籍出版社，1999年6月），頁532。

第二類是數典隸事，大量運用古語故實，故用意迂曲，但卻難有創新，也缺乏生氣，上溯其源，則以五經作集句詩[14]的傅咸，以及「善為古語，指事殷勤」[15]著稱的應璩為其發源；第三類則以聳聞驚聽，刻意雕藻以炫人耳目、傾人心魂的作品見長，鮑照為其發端[16]。其中雕藻淫豔尤為南朝以降的主要文風體勢，其具體的修辭現象及成因，如王夢鷗所闡述：

> 雕藻者，重要在於縮字換字的修辭法，也就是於用典使事同時還使用這些修辭法使尋常的典故更新面目，如鮑照的「淚竹感湘別，弄珠懷漢遊」（〈登黃鶴磯〉）。然縮字必使語氣短促，而換字也使得印象新奇，所謂險急淫豔，當此之由。[17]

可見透過縮字、換字等法，使尋常文辭面目更顯新奇，因而造成雕藻淫豔之風。

綜觀此三體之旨，係從學謝一派的山水詩，到重典實，

---

14 傅咸曾作〈七經詩〉，今存〈孝經詩〉、〈論語詩〉、〈毛詩詩〉、〈周易詩〉、〈周官詩〉、〈左傳詩〉等六篇，收錄於逯欽立：《先秦漢魏南北朝詩・晉詩卷三》（北京：中華書局，1983 年 9 月），頁 603-605。

15 鍾嶸《詩品》評應璩云：「祖襲魏文，善為古語，指事殷勤，雅意深篤，得詩人激刺之旨。」此云「指事」，當與蕭子顯所指相近。詳參〔梁〕鍾嶸著、曹旭注：《詩品箋注》（北京：人民文學出版社，2009 年 12 月），頁 132。

16 鍾嶸《詩品》評鮑照云：「貴尚巧似，不避危仄，頗傷清雅之調。故言險俗者，多以附照。」正與蕭子顯此處觀點類同。詳參〔梁〕鍾嶸著、曹旭注：《詩品箋注》，頁 175。

17 引見王夢鷗：〈漢魏六朝文體變遷之一考察〉，收入《傳統文學論衡》（臺北：時報文化出版公司，1987 年 6 月），頁 74。

再至長於雕豔之體，係藉由南朝詩文風氣發展趨勢著眼，隱約兼及先後次第之論旨[18]。但從蕭子顯根據此論所提出的文學理想體貌來衡量，三體顯然又各有所偏，而有所不足。故云：

> 三體之外，請試妄談：若夫委自天機，參之史傳，應思悱來，勿先構聚，言尚易了，文憎過意，吐石含金，滋潤婉切。[19]

他特別提出「放言落筆，氣韻天成」的觀點，認為創作當源於天機自然，重在感興觸發，勿先營構拼湊，也忌文過其意。由此可見，前兩類顯然並非如此，或缺乏真情實感，或動輒有用事之病，較難充分展現作家個性；而第三類則辭藻淫豔，易偏於極端，三種表現類型均各有其偏失，也非屬理想典型。丁福林為文探討三體之意，以為蕭子顯關於「三體」之論述「提出了他認為的適合時代的新文體」，並具有批評時代文風的針對性：

> 針對顏延之「全借古語，用申今情」之弊，提出「委自天機，參之史傳，應思悱來，勿先構聚」；又針對謝靈運「疏慢闡緩」、「終致迂回」之弊而提出「言尚易了，文憎過意」；又針對鮑照「雕藻淫豔」之

---

18 王瑤〈隸事‧聲律‧宮體 —— 論齊梁詩〉文中指出：「到了宮體大盛以後，《南史‧梁簡文帝紀》史論所謂『宮體所傳，且變朝野』以後，這一體便欲跡了。《南齊書》所謂三體的次序，隱約間也有一種表示其盛況的時代前後的意義。」引見王瑤：《中古文學史論》（北京：北京大學出版社，1998年1月），頁299-300。

19 同註10。

「俗」，提出了「雜以風謠，輕唇利吻，不雅不俗，
獨中胸懷」的主張，力求改革，開創出新一代的文
風。代表了當時不滿文壇現狀的文人革新文風的積
極追求，是改革者的大膽探索。[20]

此論更明確闡釋蕭子顯〈文學傳論〉所述「三體」之評論要
旨，頗為切要。然需加以注意的是，上述三體，不論是典雅
雍容、迂曲艱澀，或者是精心炫目，原本顯然主要是用來概
括詩所展現的體貌，但在文體互為影響的發展趨勢下，其實
兼指整體文風，故可概括駢文，也顯見駢體亦有相近的發展
現象，故孫德謙藉詩歌體貌來為駢體立論，大致有對六朝時
所謂「今體」概念進一步補充之意，在引錄上述蕭子顯所論
「三體」之後，卻未針對三體之說有所開展或詳加詮釋，僅
簡要書寫按語以略申其意，云：

> 觀其所言三體之中，蓋謂有疏緩者，有對偶者，有
> 雕豔者，雖專就南齊立論，而其辭意，亦未以是為
> 善。然三體之說，治六朝文者，轉可於此求之。且
> 沿流溯源，謂出靈運、鮑照諸家，又可知彼時文字
> 之所本。（頁十五右～左）

此處為「三體」引文後按語，主要重點有三：第一，云「未
以是為善」，即謂三體或過於疏緩，或偏重對偶，或入於雕
豔，各體貌為駢儷發展後的現象，但有未盡理想之處；第

二，云「治六朝文者，轉可於此求之」，認為詩歌三體之說
亦可轉用對應，用來作為掌握或研治六朝文之一大門徑；第
三，指出三體之說，能有助於考察時代文風遷變及作家淵源
本末流變關係。

　　「三體」原本要旨雖在於勾勒歸納宋齊以來詩人創作體
貌的發展趨勢，孫德謙雖論駢體文學，也特別予以引錄，在
「治六朝文者，轉可於此求之」的引用前提及關鍵下，認為
「三體」與齊梁以後文風及駢體文學發展趨勢實有可相互對
應之處，亦即隨時代文風推進，駢體也大致歷經疏緩、對偶
以及雕豔之勢的遷變。「疏緩」「對偶」與駢體隸事用典、
句句儷偶等文句形式技巧有直接相關性，而「雕豔」則為辭
藻全面追求華美輕豔之習所形成的時代文風，故終於演變初
成宮體之文，[21]晉宋時期「神韻蕭疏」之風至此顯已漸失。

　　蕭子顯「三體」之說，為《南齊書・文學傳論》正史中
的文學傳，兼具史料及理論價值，表示孫氏對蕭子顯此一論
點認可及接受的態度，而其意義就在於為綜理六朝駢體文學
發展脈絡方面提供理據。

（二）「四體」與駢體文學

關於「四體」，《六朝麗指》歸納指出：

> 統觀六朝，凡有四體：有以時言者，則曰永明體；
> 有以地言者，則曰宮體；有以人言者，則曰吳均
> 體、徐庾體。（頁十六右）

21　此處觀點主要參考于景祥：《中國駢文通史》（長春：吉林人民出版
　　社，2002 年 1 月），第五章〈六朝 —— 駢文之鼎盛時期〉，頁 372-373。

此從時、地、人等多重角度分類，概括齊梁及之後的發展體製及重要文學體貌，以為「綜此四體，六朝作者，當不外乎是矣」，可見對於六朝時期文學發展歷程的重點而言，深具提綱挈領的關鍵意義。

關於四體的界義及主要特徵，孫德謙均採用正史相關作家的本傳資料為依據，將其原文照錄於下：

> 何謂永明體？《齊書·陸厥傳》所謂：「永明末，盛為文章，吳興沈約、陳郡謝朓、瑯琊王融，以氣類相推轂，汝南周顒善識聲韻。約等文皆用宮商，以平上去入為四聲，以此制韻，不可增減，世呼為永明體」是也。

> 何謂宮體？《隋志》所謂：「梁簡文之在東宮，亦好篇什，清辭巧製，止乎衽席之間；雕琢蔓藻，思極閨闈之內。後生好事，遞相放習，朝野紛紛，號為宮體」是也。

> 吳均體者，《梁書》均本傳：「均文體清拔，有古氣，好事者或斅之，謂為吳均體。」

> 徐庾體者，《周書》庾信本傳：「既有盛才，文並綺豔，故世號為徐庾體。」（頁十六右～左）

此四體若依其性質可前後兩分，「永明體」及「宮體」具時代標誌意義，而「吳均體」及「徐庾體」則具有作家典範意義。再者，「永明體」及「宮體」主要對象指詩，而吳均體

及徐庾體主要範圍在於文，因此所謂「四體」所指涉範圍相當廣泛，不僅兼及詩文，也呈現出隨時間發展而遞嬗的流派概念。

「永明體」出於南齊武帝蕭賾永明年間，以沈約、謝朓為代表，講究詩文聲律，強調四聲八病之說，是當時文體一大新變，也為詩文聲律之美奠定理論基礎，故廣為文家談議；其次，則引用《隋書・經籍志・集部》，指出宮體出自宮廷，以「衽席之間」、「閨闈之內」為主要題材，更注重辭采，風格自此更趨於輕豔，進而形成當時追求新變靡麗的文學思潮[22]，此兩者主要指涉範圍雖在詩體，亦是伴隨駢文發展而形成的風貌。吳功正《六朝美學史》即指出：

> 在六朝美學史的發展演進中，陳代「宮體」取代了梁代「永明體」；在六朝美學史的價值座標上，「永明體」的「清麗」代表了向上一路，「宮體」的「靡麗」體現了向下一路。[23]

南朝從顏謝鮑諸家之後，衍生出永明體，再發展至宮體，可

---

22 如羅宗強：「宮體是指一種文風，一種文學思潮，不能把它理解為寫衽席之間、閨闈之內這種題材的一種詩。」詳見羅宗強：《魏晉南北朝文學思想史》（北京：中華書局，2004年6月），頁414。另潘慧瓊亦據此指出：「宮體所代表的是一種追求豔麗的審美新變意識。永明年間，沈約等人對詩歌聲律津津樂道，引以為『新變』，但對於文學性質的認識並未顯示出多少新變色彩，而蕭綱等宮體詩人的新變意識則尤為顯著。」詳參潘慧瓊：《南朝文學批評意識的兩個維度》（北京：人民文學出版社，2017年5月），頁64。
23 引見吳功正：《六朝美學史》（南京：江蘇美術出版社，1994年12月），頁321。

可見創作典範不斷朝向創新更迭的趨勢發展，從中也反映當時文家極力追求新變的審美風尚。

　　至於「吳均體」及「徐庾體」，則是梁陳時期駢體發展中的重要里程碑。吳均承鮑照、陶宏景之餘緒，尤擅長寫景之文，「文體清拔，有古氣」，「實別開生面之作家也」[24]。徐、庾雖是宮體詩之一派，但其主要貢獻，當是將宮體詩的形式技巧運用在駢體儷辭上，並開啟通篇以四六句間隔作對，講究平仄相間相對的風氣，使駢文體製趨於定型，對推進駢體成熟有正面之功，孫德謙指出：

> 吾觀六朝文中，以四句作對者，往往祇用四言，或以四字、五字相間而出。至徐、庾兩家，固多四六語，已開唐人之先，但非如後世駢文，全取排偶，逐成四六格調也。（頁右二～左）

孫德謙雖強調駢散兼行，但對徐、庾通篇以駢為主的創作體式，仍持肯定論調，評云：

> 徐、庾文體，亦極藻豔調暢，然皆有遒逸之致。（頁三十一右）

　　可見徐庾之文在發展「藻豔」時亦能兼顧「遒逸之致」，亦即仍有氣韻之美，此一特點成就值得注意。清許槤（1787—1862）《六朝文絜》從駢體的角度評謂：

---

24 此語出劉麟生：《中國駢文史》（臺北：臺灣商務印書館，1990 年 12 月臺六版），頁 58。

> 駢語至徐、庾，五色相宣，八音迭奏，可謂六朝之
> 渤澥，唐代之津梁。[25]

當代駢文史論著也多持論相近，將徐庾體視為「集駢文之大
成」、「駢文成熟的標誌」[26]，其重要性由此可知。

　　此四體固然有展現駢體文學發展的「歷時性」意義，然
彼此之間也有「共時性」的並存及交集關係，如「宮體」和
「徐庾體」互有關聯，均凸顯六朝駢體達於極致時期的文學
特點，徐、庾二人也可說是宮體主要的代表作家；然而「徐
庾體」與「宮體」兩者之間雖有交集，但並不完全等同，如
王瑤即認為兩者指涉有同異，謂：

> 「徐庾體」一詞所指的絕不僅只是他們的少作，而是
> 作品的全部。它和「宮體」涵義的不同，不在時間和
> 人的差別，而在所指的文體。……就詩說，徐庾體
> 就是「宮體」。但就文說，徐、庾是有他們作風的特
> 點的，這就是把「宮體」詩所運用的隸事聲律和緝裁
> 麗辭的形式特點，移植到了「文」上，發展了駢文的

---

25 引見〔清〕許槤著、黎經誥箋注：《六朝文絜箋注·玉台新詠序》（臺
　北：宏業書局，1983年4月），卷八，頁142。
26 如金秬香謂：「《昭明文選》以後，集駢體文之大成者，有二人焉，
　曰徐孝穆庾子山，其健者乎！其駢體緝裁巧密，頗變舊法。」詳見金
　秬香《駢文概論》（臺北：臺灣商務印書館，1967年9月），頁73。
　另如鍾濤《六朝駢文形式及其文化意蘊》一書第二章〈六朝駢文形式
　的定型過程〉，即將徐庾體列為「駢文成熟的標誌」，並謂：「徐庾
　體是偏重於徐庾駢文形式方面的，沒有早晚期之分別，而且是六朝後
　期成熟駢文形式的典範。」詳參鍾濤：《六朝駢文形式及其文化意蘊》
　（北京：東方出版社，1997年6月），頁99-115。

> 高峰。……所以傳統所謂「徐庾體」，主要是指「文」
> 說的，是指他們對於駢文的形式的貢獻和示範。[27]

此一界說頗為清楚，特別強調「徐庾體」主要是指駢文體製
的作風及成就，正呼應並補足了孫德謙「四體」之說，也由
此可見「徐庾體」不僅是以人名為稱之體製，更是南朝駢體
發展史上具有重要標誌性、典範意義及影響力的文學集團。

「四體」可說是南朝駢文一路追求新變發展的重要歷
程，也代表文學由輕豔、清麗到綺豔等風格一路傳遞遷變趨
勢的概括。劉麟生據此指出：

> 四體之論，自較《南齊書・文學傳論》所論之體為
> 優。然輕倩之作風，在當時揚光飛文，吐燭生風，
> 實為最普遍之作法，其影響不可忽視。故論六朝文
> 章之大體，仍應以輕倩屬之。[28]

此所謂「輕倩」之作風，按其定義，蓋指構思上的「玄秘新
奇」以及修辭上的「豔妍色澤」[29]，正可描述上述四體「清
辭巧製」、「雕琢蔓藻」乃至「綺豔」文風的普遍趨勢。因
此四體是對三體之說的延續，既為六朝文風演變綜理出發展
脈絡，也從中可見六朝駢體並非僅止於繁縟、綺靡而已，其
所呈現豐富多元的體貌，也正呼應了孫德謙所謂「論文於六

---

27 引見王瑤：〈徐庾與駢體〉，《中古文學史論》（北京：北京大學出
　　版社，1998 年 1 月），頁 311-312。
28 引見劉麟生：《中國駢文史》（臺北：臺灣商務印書館，1990 年 12
　　月臺六版），頁 48。
29 詳參劉麟生：《中國駢文史》，頁 46。

朝，真無體不備也」（頁三十三左）的看法。

　　關於六朝文學發展脈絡的考察，劉勰因秉持「聞之於世，故略舉大較」、「世近易明，無勞甄序」[30]之觀念，較少談及宋齊梁之文學，以致「讀六朝文者，無從窺測」，但孫德謙也期能補《文心雕龍》之遺緒，除上述所標舉「三體」及「四體」的概念之外，在《六朝麗指》書中大篇幅節錄《隋書·文學列傳序》文字，並特別標舉云：

　　　　今節錄《隋書·文學列傳序》，似可作六朝文學史讀。
　　　　（頁十八右）

《隋書》由唐魏徵（580—643）等人編撰，其〈文學列傳序〉即大致呈現了唐初史家的文學觀，除了評論六朝以降文風，也頗有藉以間接鍼砭唐初文弊之用意，就當中一段來看：

　　　　梁自大同之後，雅道淪缺，漸乖典則，爭馳新巧。
　　　　簡文、湘東，啟其淫放；徐陵、庾信，分路揚鑣。
　　　　其意淺而繁，其文匿而彩，詞尚輕險，情多哀思。
　　　　格以延陵之聽，蓋亦亡國之音乎！周氏吞併梁、
　　　　荊，此風扇於關右，狂簡斐然成俗，流宕忘反，無
　　　　所取裁。（頁十八右～左）

梁陳時期詩文對偶更趨嚴整，也更加追求聲律辭藻的形式要素，故導致梁陳時期作品「意淺而繁，文匿而彩」，文風因

---

30 此兩語分別引自《文心雕龍·時序》及《文心雕龍·才略》，王更生：《文心雕龍讀本》（臺北：文史哲出版社，1985 年 4 月），下篇頁273、322。

而更趨於柔靡浮豔；另從「亡國之音哀以思」、「聲音之道
與政通」[31]的傳統批評觀點著眼，指出梁、陳諸朝覆亡與文
風之衰兩者之間有連帶關聯性。「流宕忘反，無所取裁」更
顯見唐初史家對南朝末年文學發展的否定之意。然從孫德謙
在〈文學列傳序〉大段引文之後所書寫按語來看：

> 此則統論六朝，其異同修短，大可覽觀。惟言大同
> 以降，並徐、庾目為亡國之音，北周則謂扇其餘
> 風，幾無足取，其立說雖極純正，然簡文而下，固
> 是駢文名家，不無言之過甚焉？（頁十九右）

《隋書·文學列傳序》所評論的對象，主要重點即在於以蕭
綱、蕭繹、徐陵、庾信等作家所代表的宮體詩風及相關題材
之駢文，此文風從梁陳以降以迄北周，流宕忘反，已漸趨於
淫放流靡，固然難有可取，但從六朝駢體發展的角度來看，
則仍可謂為名家輩出的時代，對唐以後亦有不可忽略的影
響，除宮體詩之外，尚有其他創作成果，實不宜全面忽視甚
或抹煞，因而他指出《隋書·文學列傳序》之評亦不免於「言
之過甚」，對於《隋書》所論，此一按語無異提出了修正的
積極意義。關於梁陳時期文學之評價，的確未必皆如此負面，
如周勛初由趨新派文學主張以致作品展現輕豔的梁陳文風辨
明謂：

---

31 相關觀點詳見《禮記·樂記》，其原文謂：「是故治世之音安以樂，
其政和。亂世之音怨以怒，其政乖。亡國之音哀以思，其民困。聲音
之道與政通矣。」引見〔漢〕鄭玄注、〔唐〕孔穎達疏：《禮記正義》
（臺北：藝文印書館影印本，1993 年 9 月，重刊宋本十三經注疏），
卷 37，頁 663。

> 徐、庾二人在生活的後半期經歷了戰亂的洗禮，深
> 受亡國之痛，因此逐漸擺脫原來宮體作家的創作道
> 路，寫出了一些有內容的作品。特別是庾信，由南
> 入北之後，運用早期累積下的豐富技巧，寫作沉痛
> 迫切的詩賦，形成溫麗、蒼勁的風格，對唐代的一
> 些大詩人起過很大的影響。[32]

此一論述是對梁代文學趨新派文學貢獻的歸結，也是對「亡國之音」、「無所取裁」等負面評價的釐清，從而可見孫德謙此處對《隋書·文學列傳序》觀點所下修正之按語確有其理。

　　綜合上述，《六朝麗指》探討六朝駢體文學之發展，主要依據正史文學傳之史料，標舉「三體」及「四體」之論。「三體」之說探討宋齊以來文家三種創作體貌趨向，而「四體」之說則概括了南朝文學由輕豔、清麗到綺豔等風格一路承遞遷變的發展歷程，以及體貌的多方面表現，此說明六朝駢體不僅是繁縟綺靡的單一面貌而已，其實也呈現體貌豐富，無體不備的多元性。

三、《六朝麗指》作家論中的氣韻審美取向

　　《六朝麗指》書中不僅廣泛闡述駢體創作各種現象及問

---

32 引見周勛初：〈梁代文學三派述要〉，《魏晉南北朝文學論叢》（南京：江蘇古籍出版社，1999 年 11 月），頁 252。

題，對於六朝時期重要作家也頗有關注，其作家批評論述，既凸顯了作家在此時代中的代表性，亦呈現了多樣性及差異性，尤其論證多能與作品充分結合，其微觀式的作品考察，對於六朝文風特點之描述頗能發揮具體化的作用，而孫德謙最重視的「氣韻」，以為不僅是晉宋文風之長，也是他對六朝作家所欲凸顯並極力推崇文學美感中的一項關鍵，故謂：「使果知六朝之妙，試讀彼時諸名家文，有不以氣韻見長者乎？」（頁十左～十一右）即明確標舉六朝名家多以氣韻見長的特點。本書第四章探究氣韻的理論內涵，主要從創作觀點、文章體貌、行文句法之經營等角度切入；本節角度則稍做轉向，將從作家評論及作品解讀的立場著眼，更可從中得見《六朝麗指》推崇作家氣韻的審美觀，並與第四章互為印證補充。這以氣韻為評論的審美取向，對於觀照六朝駢體文學史甚或評定作家成就而言，應當具有發揮參考借鑑的特殊意義。孫德謙評論作家側重氣韻的審美取向，可先舉兩則實例來看，如對范曄（398—445）及張融（444—497）兩人作品評云：

> 蓋蔚宗之文，敘事則簡淨，造句則研鍊，而其行氣則曲折以達，疏蕩有致，未嘗不證故實，肆意議，篇體散逸，足為駢文大家。（頁五十四左）

> 張融〈問律自序〉：「吾無師無友，不文不句，頗有孤神獨逸耳。」今讀此序及〈與從叔永書〉，皆丰神灑然，俊逸不羣，正是自道文境也。（頁五十九左）

前者旨在強調范曄《後漢書》文氣並不衰弱，反而具有筆勢
縱放、疏蕩散逸之特點，以推崇其軌範之意義；後者則由文
如其人的觀點，從張融「孤神獨逸」之性情，讚賞其丰神俊
逸的氣韻之美；由此可概見兩人評論均顯然有側重氣韻的傾
向。關於《六朝麗指》對六朝作家評論的審美觀點，學者即
是如此指出：

> 對於六朝駢文作家作品的評論，孫德謙側重點不在
> 修辭藻采等作文技巧方面，而是強調文章所體現的
> 氣韻，即一種「足以打動人、感染人的真情實感，從
> 而所生發的那股貫穿始終的生動氣韻」。這也是他品
> 評六朝文章家成就高低的主要標準。[33]

可見氣韻不僅是駢體創作層面的重點，從作家評論來看，也
是一項具有關鍵性的審美標準。

　　《六朝麗指》書中多則專論六朝作家[34]，各條目中引述
六朝作家作品以為例證者，約有兩百餘處，其中引例較多，
也較能略見論述系統性者，大致為任昉、沈約、江淹、鮑照
等大家。本節取材範圍主要選定在任沈及江鮑兩組並稱的作
家，以集中凸顯其書作家評論中的氣韻審美取向。

---

33 引見汪泓、丁姍姍：〈孫德謙六朝麗指氣韻說淺釋〉，《中國古代文
　 章學的成立與展開》（上海：復旦大學出版社，2011 年 3 月），頁
　 481。
34 如第二十九則論顏延之及謝靈運、第七十一則論任昉及沈約、第七十
　 二則論陶淵明、第七十三則論范曄、第七十四則論江淹、第七十五則
　 論王儉、第七十七則論陸倕、第七十八則論江淹及鮑照、第七十九則
　 論劉令嫻、第八十則論丘遲、第九十六則論劉孝標等。

（一）論任、沈之辨

　　齊梁時期駢文名家輩出，如以「任筆沈詩」[35]並稱文壇的任昉（460—508）與沈約（441—513）正是其中佼佼，任昉以文章見長，而沈約以詩歌著稱。清朱一新（1846—1894）《無邪堂答問》將任、沈與詩家中李、杜相提並論，認為兩家最可作為南朝文風轉而趨密之關鍵，評謂：

> 晉宋力弱，特多韻致，亦由清談之故。其體較疏，猶有東漢遺意。至永明則變而日密，故駢文之有任、沈，猶詩家之有李、杜也。李存古意，杜開今體，任沈亦然。任體疏，沈體密，梁陳尤密，遂日趨於綺靡。[36]

朱一新認為任、沈兩家如同詩家之李、杜，然「任體疏，沈體密」，反映審美特質不同，以見沈約之文更講究形式技巧，而這對於梁陳綺靡之風造成推助作用。孫德謙固然也沿襲朱一新之說，提出「駢文有任、沈，猶詩家之有李、杜，此古今公言也」（頁五十三左）之評價，這大致成為孫德謙並論任、沈的主要理據，但他對沈約之文另有不同的評價，以下分項說明其文特點：

1.氣體散朗，紆餘生妍

　　孫德謙曾評任、沈兩家謂：

---

35 語見〔唐〕李延壽：《南史・列傳第四十九・任昉傳》（北京：中華書局，1975 年 6 月），卷五十九，頁 1455。

36 引見〔清〕朱一新：《無邪堂答問》（北京：中華書局，2000 年 12 月），卷二，頁 90。

> 駢偶之中，任、沈為傑，皆氣體散朗，紆餘生妍，
> 生平慕悅，在茲彌篤。[37]

此處高度推讚兩家駢體成就及地位，而任、沈兩家以「氣體散朗」見長，正具體展現孫德謙對於「六朝之氣體閒逸」的評價取向與觀點。但《六朝麗指》不完全依循一般所謂「任筆沈詩」之既定評價，而是進一步辨析兩家文章體貌之異及其形成之實質因素，且其主要重點仍在於任昉，其謂：

> 二子之文，就昭明所錄，與諸選本觀之，彥昇用筆
> 稍有質重處，不若休文之秀潤、時有逸氣為可貴也。
> 《詩品》云：「昉既博物，動輒用事，所以詩不得
> 奇。」然則彥昇之詩，失在貪用事，故不能有奇致。
> 吾謂其文亦然，皆由於隸事太多耳。語曰：「文翻空
> 而易奇。」以此言之，文章之妙，不在事事徵實，若
> 事事徵實，易傷板滯。後之為駢文者，每喜使事，
> 而不能行清空之氣，非善法六朝者也。《北齊書‧魏
> 收傳》：「見邢、魏之臧否，即是任、沈之優劣。」
> 兩家之文，蓋不無優劣之分矣，然而任、沈要為駢
> 文大家也。（頁五十三左）

此處辨析重點主要可從三方面來看：

第一，從兩家風格對比來看，孫氏以任昉（彥昇）的博贍、質重與沈約（休文）的秀潤、逸氣對比，從而可見沈約

---

37 引見孫德謙：〈復王方伯論駢文書〉，《四益宦駢文稿》（上海：瑞華印務局，1936年），下卷，頁4。

不僅詩出色，其文秀潤疏逸，故尤有可貴，肯定沈約文之特長。

　　第二，從兩家風格優劣之區辨來看，其主要關鍵在於任昉為文與作詩均有貪於用事之失，孫氏另引《詩品》評語為證，認為「動輒用事」，卻反使詩作綿密有餘，而傷奇致之趣。

　　第三，孫氏雖認為任昉為文固有隸事太多之失，但並未否定其為駢文大家，故藉此延伸以釐清為文法則，指出六朝文貴能行清空之氣，隸事當有法度，不以事事徵實為則，以避板滯，如此更見文章之妙。

　　此處值得注意的是，朱一新以為任疏沈密，沈文講究技巧使文風漸形綺靡，孫德謙卻提出不同見解，反而認為任文用事多而致使文密，沈約則秀潤疏逸。呂雙偉對此指出：

> 從用筆和氣韻方面來闡釋任沈駢文的不同特徵，則深化了對其駢文特徵的認識。[38]

從氣韻層面著眼作家藝術成就，正是孫德謙審美取向上的一大特點。

　　劉師培（1884—1919）對於任昉文章之長於用典，亦極力凸顯其文氣表現，其謂：

> 任彥昇之文何嘗不用典？而文氣疏朗，絕無迹象，由其能化也。故知堆砌與運用不同，用典以我為主，能使之入化；堆砌則為其所囿，而滯澀不靈。

---

38 引見呂雙偉：《清代駢文研究》（上海：上海古籍出版社，2018 年 8 月），頁 367。

> 其文章隱秀，用典入化，做能活而不滯，毫無痕
> 跡；潛氣內轉，句句貫通；此所謂用典而不用於典
> 也。[39]

依此論，更可看出任昉為文之長，其用典非僅堆砌而已，妙
處在於能「化」，使典故與文意融合無跡，故能達到文氣疏
朗、活而不滯之境，且所謂「潛氣內轉，句句貫通」之特點，
正能展現孫德謙所推讚的氣韻之美。

　　《文選》選錄任昉駢體作品達十七篇，大致屬於「令」、
「啟」、「牋」、「序」、「墓誌」、「行狀」等體類，確
實頗能凸顯「任筆」之成就特徵；而《六朝麗指》書中條目
內容論及任昉駢體作品者約有十處，實際篇章則有〈宣德皇
后令〉、〈又為庾杲之與劉居士虯書〉、〈天監三年策秀才
文〉、〈為范始興作求立太宰碑表〉、〈為范尚書讓吏部封
侯第一表〉等篇，從孫氏評語予以綜合觀察，或可對任昉為
文用典之佳處有更進一步的理解。如以下兩則：

> 〈與劉居士書〉：「昔東平樂善，旌君大於東閣；今
> 王愛素，致吾子於西山。」上既用東平事，何難甄采
> 古典，著為聯語？乃即以「今王」、「吾子」自然成
> 對。故六朝雖尚藻麗，可知猶有樸素之美也。（頁
> 四十八左）

---

39 以上兩則引文分別引見劉師培：《漢魏六朝專家文研究》（臺北：臺
灣中華書局，1982年3月），頁23及頁8。

〈為范尚書讓吏部封侯第一表〉：「近世侯者，功緒
參差：或足食關中，或成軍河內，或制勝帷幄，或
門人加親，或與時抑揚，或隱若敵國，或策定禁
中，或功成野戰，或盛德如卓茂，或師道如桓榮，
或四姓侍祠，已無足紀，五侯外戚，且非舊章。」此
文疊用「或」字，論者謂其筆法放縱，似矣。以吾言
之，古人文字，所以簡貴也。若如後人為之，必將
分作偶章，窮力鋪敘，不欲以一事作一句而上加「或」
字者。……如化散為整，排比行之，必失之煩冗，
故每句祇加一「或」字，而文氣自然調暢。（頁三十
七右～左）

前一例主要針對駢體偶對為求齊整之特點而發，若對切求
工，則當「甄采古典，著為聯語」，亦即以「事對之法，上
下當取古人姓名以作對偶」（頁九左）為原則，「東平」，
指東漢東平憲王劉蒼，應取古人相對，然任昉〈與劉居士書〉
取「今王」（指竟陵王蕭子良）、「吾子」與「東平」為對，
蓋使文句自然成對之變通作法。後一例則指出該文中排比疊
用十一「或」字句並連續用典，以為呈現縱放之筆法，不僅
未致使文氣滯塞，反而能藉由排比句的形式，化繁為簡，省
卻「窮力鋪敘」之煩冗，使文氣自然條暢。兩例中，前者強
調六朝文不一味追求「藻麗」而受形式拘束，後者則凸顯駢
體文氣調暢的一面，可見孫德謙尋繹六朝駢體蘊含氣韻美感
的用心，而此持論也正是其文學審美觀之具體展現。

2.行文秀潤，時有逸氣

再就孫德謙所評「休文之秀潤、時有逸氣」之特點來看，《六朝麗指》多處論及沈約文章，主要是舉文句例以解讀其文章細部之行文技巧。例如〈為武帝與謝朏敕〉一文，《六朝麗指》書中共引述提及三次。其原文開頭云：

> 吾以菲德，屬當期運，鑒與吾賢，思隆治道，而明不遠燭，所蔽者多，實寄賢能，匡其寡闇。嘗謂山林之志，上所宜弘，激貪屬薄，義等為政。自居元首，臨對百司。[40]

孫德謙指出此處行文運用「斷字訣」，謂：

> 休文是敕，使於「實寄賢能，匡其寡闇」後便接「自居元首」云云，亦極調達。今不然者，以此知文章之妙，不在急急上續，而在善斷也。且嘗謂四句於此處不用斷筆，氣弱而促矣。作文者安可不知此法哉？（頁十四右～左）

此謂文中「嘗謂山林之志，上所宜弘，激貪屬薄，義等為政」等四句屬於議論之筆，插接在前後敘事之間，似有截斷文意之感，然孫氏以為其文尤妙處正在於「善斷」，亦即運用「斷字訣」，以振舉文氣，並避免敘事在「急急上續」或一路連貫而下時所造成的「氣弱而促」之病。又同篇云：

---

40 此處〈為武帝與謝朏敕〉原文引自〔清〕許槤編，曹明綱譯注：《六朝文絜譯注》（上海：上海古籍出版社，1999 年 6 月），卷二，頁72。

> 不降其身，不屈其志，使璧帛虛往，蒲輪空歸。[41]

其中「不降其身，不屈其志」兩句，孫氏謂：

> 用《論語》「不降其志，不辱其身」，「志」、「身」
> 既互易，而「辱」又易以「屈」字矣。（頁二十三左）

指出引用前人成語時另加以裁剪改易之現象，以見文不苟作；其後「璧帛虛往，蒲輪空歸」兩句，孫氏則指出「往」、「歸」二字「不使傷於複出」（頁四十五左），即謂駢體行文用字有判別，以避駢枝重出之病。

另外，如〈齊故安陸昭王碑文〉一文，《六朝麗指》書中也論及三次，按文章所見句例先後，第一則是針對其文「若夫彈冠出仕之日，登庸蒞事之年，軍麾命服之序，監督方部之數，斯固國史之所詳，今可得略也」[42]，其中「今可得而略」的省筆之法，孫氏闡述謂：

> 顧既已云「可得而略」矣，則竟略而不言可耳，乃明知其可略，而又不能不略及之者，此其所以為文也。故文有須詳說者，有不妨從略者，權於詳略之間，而遣辭命意則必能得其精要矣。否則，詳所不當詳，則失之繁冗；略所不當略，則失之苟簡。（頁四十四右）

此總結文家為文經驗，認為作文當有詳略之權衡，故強調「權

---

41 同上註，頁 73。
42 沈約〈齊故安陸昭王碑文〉一文引見李善：《文選注》（臺北：藝文印書館，1991 年 12 月），卷 59，頁 833。

於詳略之間，而遣辭命意則必能得其精要」。第二則是對「起予聖懷，發言中旨」句中引用之法，孫氏指出：

> 吾讀六朝文，則又有不惟其意，而惟用其文者，何以明之？沈休文〈齊故安陸昭王碑文〉有云：「起予聖懷，發言中旨。」夫「起予者商也」，見於《論語》。「予」者，孔子自謂也。今用「起予」兩字，不過言能起聖懷耳，其意則不合矣。往讀《韓詩外傳》，其引《詩》也，皆不必本意，則此例昔賢已有之。（頁三十八左）

此重點在舉例強調六朝文引用時，有僅截用其詞語本身，而未必皆與本意相合之狀況。第三則藉文中幾處人物用典討論是否需嚴守「取之同倫」原則的問題，孫氏指出：

> 沈休文〈齊故安陸昭王碑文〉：「雖春申之大啟封疆，鄧攸之緝熙岷庶，不能尚也。」又「南陽葦杖，未足比其仁；潁川時雨，無以豐其澤。」又「雖鄧訓致劽面之哀，羊公深罷市之慕，對而為言，遠有慚德。」又「奕思之微，秋儲無以競巧；取睽之妙，流睇未足稱奇。」又「豈惟僑終蹇謝，興謠輟相而已哉。」一篇之中，凡用古人相擬者，皆不必取之同倫。此非有背《禮》訓也，誠以作文之法，苟欲論定一人，援引往哲，豈能稱量而予，毫釐不爽？於是極力模擬，從旁襯而出，以見若人之優美耳。若謂擬失其倫，則非也。（頁十一左～十二右）

此文所舉「春申之大啟封疆，鄧攸之緝熙氓庶」、「南陽葦杖」、「潁川時雨」諸例，皆為援借他人事蹟以比擬，目的在於旁襯、烘托碑文主角之仁德功澤，用典「極力模擬」已有其難處，若還必須用等量齊觀，且毫釐不爽的標準來要求，則文章難免生硬僵化。由此可見孫氏對於駢體用典，大致採取較為務實而寬鬆的態度面對，他認為古今人物身分地位各自有別，實難以同類比況，故強調「凡用古人相擬者，皆不必取之同倫」的觀點，認為此為使運典不失自然的變通之法，故依此而謂：

> 運典確切，固也，然必參以休文之法，乃不致枯窘耳。（頁十二右）

可見沈約行文用典之法，亦頗有可取，與前述任昉用典諸例並觀，正可呈顯任沈大家之風，不僅佳處甚多，也以沈約「秀潤逸氣」的行文之風，照應「六朝雖尚藻麗，可知猶有樸素之美」的論點。以上三則也是分別藉文中句例強調六朝駢體行文技法，舉證具體，關照細密，但與作家氣韻論旨範疇較無實質關聯，故以上僅簡要呈現其要義，不再予以展開詳論。

（二）論江、鮑之辨

　　江淹（444－505）及鮑照（？－466）以詩賦著稱於南朝，並推助了駢儷體製的成熟，如《詩品》評鮑照云：「善製形狀寫物之詞」、「貴尚巧似，不避危仄」[43]，葉慶炳《中國

---

43 引見〔梁〕鍾嶸著，曹旭箋注：《詩品箋注》（北京：人民文學出版社，2009 年 12 月），頁 175。

文學史》評江淹云：

> 江淹之賦，堪稱為齊、梁時代排比麗辭、堆砌典故
> 之駢賦代表。[44]

歷來評價上多凸顯兩家著重辭藻形式的一面。孫德謙亦評
云：「六朝之文，豔麗莫如江、鮑」（頁五十四左），顯見
江、鮑為六朝「豔麗」文風代表，此也大致與一般文學史上
所認定的評價近似，但他並不滿於後世評價江、鮑多僅就藻
飾層面立論，而忽略其氣體散朗的一面，故持論時，不僅專
注在辭藻層面的雕琢豔麗，而是強調更深層的氣韻之美。

1.行文頓宕，氣體散朗

　　「潛氣內轉」是展現作品氣韻的一種手法，其法在於「往
往不加虛字，而又其文氣已轉入後者」（頁三十五右），《六
朝麗指》中所謂「斷字訣」、「頓宕之筆」等，即為潛氣內
轉之法。如以下所舉文例：

> 觀文通〈為蕭拜太尉揚州牧表〉所云：「玄文既降，
> 雕牒增輝。禮藹前英，寵華昔典」，「景能驗才，無
> 假外鏡；撰己練志，久測內涯」，與「寸亮尺素，頻
> 觸瑤繢；丹情實理，備塵珠冕」，雕琢極矣。乃此下
> 接云：「所以迴懼鴻威，後奔殊令者也」，其後又
> 云：「咸以休對性業，裁成器靈，詎有移風變範，克
> 耀倫序者乎？」無不用頓宕之筆。後人但賞其藻采，

---

44 引見葉慶炳：《中國文學史》（臺北：臺灣學生書局，1987 年 8 月），
上冊，頁 238。

而於氣體散朗，則不復知之。故即論駢文，能入六
朝之室者，殆無多矣。（頁五十四左）

根據《南齊書・明帝本紀》所載：「高宗明皇帝諱鸞，……
尋加黃鉞、都督中外諸軍事、太傅，領大將軍、揚州牧」[45]，
此文為江淹為蕭鸞拜謝受此恩寵所寫。文章前半極寫榮寵謙
讓之意，行文遣辭確實「雕琢極矣」，然其後筆勢忽變，轉
而論己移風易範、公忠體國之志，似有突兀，然此作用即如
同上述所謂「斷字訣」，運用「頓宕」之筆，以散行文句振
舉文氣，使文章不致於溺於豔辭麗藻，且更透顯出散逸疏朗
之風神。另有一類似之例，如江淹〈宋安成王右常侍劉喬墓
銘〉一文，孫德謙對文中潛氣內轉法的運用闡釋云：

江文通〈劉喬墓銘〉：「參錯報善，茫昧雲玄。」自
「乃毓伊人」下皆是贊劉，而此兩句即是轉筆
也。……若謂銘是韻語，故可無用虛字，苟善讀
之，尚易辨析。（頁三十五右）

此篇〈劉喬墓銘〉全文引錄於下：

丹陽韞聖，豐鄉降賢。玉葉既積，金徽方傳。乃毓
伊人，剋廣克宣。騰芬中屬，飛藻上年。杳杳虛
素，永永沖關。雲意霜節，瓊立冰堅。家寶以瑩，
國才未甄。參錯報善，茫昧雲玄。斂魂幽石，委氣

---

45 引見〔梁〕蕭子顯：《南齊書・卷六・明帝本紀》（北京：中華書局，
　　1972 年 1 月），頁 84。

> 空山。膚若流波,身如絕煙。芳菲一逝,美懋徒
> 鐫。[46]

全文為四言韻語,前面均為讚頌墓主劉喬之筆,直至「參錯
報善,茫昧雲玄」兩句為轉筆,以下文意轉至傷悼情景,為
劉喬辭世表達悽惻之感,故雖全篇未用虛字,前後文意仍能
銜承,一路暗轉而下,並使文氣連貫。

2.運用代字,避陳取新

　　文采要能達到華美豔麗,雕章琢句、避陳取新的鍊字之
法自不可免,故孫德謙也對江淹文中使用「代字」現象加以
闡述,指出:

> 夫文之有假借,即代字訣也。吾試取江文通文言之。
> 其〈齊太祖誄〉云:「譽馥區中,道薆垠外。」〈為
> 蕭拜太尉揚州牧表〉云:「禮藹前英,寵華昔典。」
> 「馥」、「薆」、「藹」、「華」,皆代字也。使非
> 代字,而曰「譽播區中,道高垠外」,有能如是研鍊
> 乎?「藹」之訓為「茂」,「華」之訓為「盛」,如
> 謂「禮茂前英,寵盛昔典」,即用其字本義,未嘗不
> 善,究不若「藹」「華」代字之豔麗也。……凡文用
> 代字訣,均是避陳取新之道,六朝文中類此者至多。
> (頁十六左～十七右)

代字訣大致是用生字替代熟字,以發揮避陳取新的效果。如

---

46 引見〔明〕張溥:《漢魏六朝百三名家集》(臺北:文津出版社,1979
年 8 月),第五冊,頁 3700。

此處所舉〈為蕭拜太尉揚州牧表〉篇中「禮藹前英，寵華昔典」兩句，即是用「藹」代「茂」，用「華」代「盛」，文句在如此研鍊字法中顯得新奇而不失古雅。至於謂「六朝文中類此者至多」，可見類似現象相當普遍，此「代字」法對於雕琢豔麗文風之形成當有直接關係。駱鴻凱對此法謂為「代語」，指出：

> 六代好用代語，觸手紛綸。……文人厭黷舊語，欲避陳而趨新，故課虛以成實。抑或嫌文辭之坦率，故用替代之詞，以期化直為曲，易逕成迂。雖非文章之常軌，然亦修辭之妙訣也，安可輕議乎！[47]

此從代語所產生的時代因素著眼，其為求陌生化，力圖避陳趨新，刻意運用替代之詞，以發揮「化直為曲，易逕成迂」效果的修辭手法，正與孫德謙所論「代字訣」類同。

蕭子顯（489－537）《南齊書・文學傳論》對鮑照所作有「發唱驚挺，操調險急，雕藻淫豔，傾炫心魂」[48]之評，已可見其對辭藻聲色極力追求之創作習性。劉勰云：「宋初訛而新。」[49]在遣辭造句上精雕細琢以求新奇之風當已蔚然成習，更有甚者，則往往「穿鑿取新」，則不免造成訛詭，《文心雕龍・定勢》對此現象亦頗有評議，云：

---

47 引見駱鴻凱：《文選學・餘論第十》（臺北：漢京文化事業，1982年10月），頁356。

48 引見〔梁〕蕭子顯：《南齊書・列傳三十三・文學》（北京：中華書局，1972年1月），頁908。

49 引見王更生：《文心雕龍讀本・通變》（臺北：文史哲出版社，1985年4月），下篇，頁49。

> 自近代辭人，率好詭巧，原其為體，訛勢所變，厭
> 黷舊式，故穿鑿取新。察其訛意，似難而實無他術
> 也，反正而已。故文反正為乏，辭反正為奇。效奇
> 之法，必顛倒文句，上字而抑下，中辭而出外，回
> 互不常，則新色耳。[50]

劉勰此說在闡釋當時「率好詭巧」文風形成背景及造成「宋
初訛而新」的技巧現象。當時作家往往透過「顛倒文句」、
「上字而抑下，中辭而出外」的「反正」技巧來表意，以達
到追新求奇的目的。孫德謙即據劉勰此論進一步予以思辨，
分析指出：

> 觀此，則「訛」之為用，在取新奇也。顧彼獨言「宋
> 初」者，豈自宋以後，即不然乎？非也。〈通變〉篇
> 又曰：「今才穎之士，刻意學文，多略漢篇，師範宋
> 集。」則文之反正，喜尚新奇者，雖統論六朝可矣。
> 聞之魏文有言：「文章經國之大業，不朽之盛事。」
> 文而專求新奇，為識者蚩鄙，在所不免。然而論乎
> 駢文，自當宗法六朝，一時作者並起，既以新奇取
> 勝，則宜考其為此之法。（頁二十九左）

此說更強調所謂「訛而新」的創作現象，其實並不僅限於「宋
初」之時，舉凡宋以後，亦即六朝（宋、齊、梁、陳、北朝、
隋），均無不深受此風習影響；至於作品以追求新奇取勝，
是否皆成訛謬，則認為仍需視其運用的程度而定。就孫氏在

---

50 引見《文心雕龍讀本・定勢》，下篇，頁 64。

此處所舉江、鮑篇中兩則文句實例來看：

> 江文通〈為蕭拜太尉揚州牧表〉：「若殞若殯。」《說
> 文》：「殯，死在棺，將遷葬柩，賓遇之。」今文果
> 從本義，則殯為死矣。章表之體，理宜謹重，何必
> 須此「殯」字，蓋亦惟務新奇，訛謬若此也。（頁三
> 十右）

> 鮑明遠〈石帆銘〉：「君子彼想」，恐是「想彼君子」，
> 類彥和之所謂顛倒文句者。句何以顛倒？以期其新
> 奇也。（頁三十左）

孫氏以為「訛之為用，在取新奇」，並「考其為此之法」，
歸納求新奇之法有三：第一是「詭更文體」，第二是「不用
本字，其義難通，遂使人疑其上下有闕文者」（即前所論「代
字訣」），第三是「顛倒文句」。此處所舉兩例，前者不用
本字，但用字未得體而致訛謬，後者屬刻意顛倒文句之例，
文章求奇方式不拘一格，且已相當普遍，於此可見一斑。就
客觀而言，求「奇」固然是展現創作新意的途徑，然若追求
過度，則難免造成「訛謬」甚至「險」的反效果，可見「奇」
與「險」之間如一線之隔，有互涉性。[51]

3.江文疏逸，鮑文質實

---

51 此處關於「奇」與「險」之間的互涉性，如祁立峰指出：「因為要迴
　避庸俗與拼湊，所以刻意陌生化且經營過度、藻飾過度的結果，會造
　成讀者在理解上感受上的滯塞。當『過度』達到了臨界點，就會產生
　鍾嶸『傷清雅』或蕭子顯所謂『淫豔』與『傾炫』的效果。這時候『奇』
　就不再適度而淪為過度。」詳參見祁立峰：〈六朝文論中的「奇險」
　與其概念延異〉，《中正漢學研究》第 39 期（2022 年 6 月），頁 65。

　　孫德謙比照區辨任、沈之例，也進一步辨析江、鮑兩家儷體行文之風。謂：

> 江、鮑並稱，余以江文疏逸。細審兩家體製所本，鮑似純從漢賦而出，故密於江。細審兩家體製所本，鮑似純從漢賦而出，故密於江。如江之〈與交友論隱書〉所云：「性有所短，不可韋弦者有五：一則體本疲緩，臥不肯起；二則人閒應修，酷嬾作書；三則賓客相對，口不能言；四則性甚畏動，事絕不行；五則愚礙妄發，輒被口語。」此一段實規傚嵇叔夜〈與山濤絕交書〉，稍變其詞句。又〈詣建平王上書〉，玩其氣局，幾合鄒陽〈獄中上書自明〉與司馬遷〈報任少卿書〉而成為一篇，不特「加以涉旬月，迫季冬，身非木石，與獄吏為伍」襲用成句已也。可知文通之所取法者，不專在賦矣，宜其較鮑為疏遠耳。然鮑亦有疏逸處，但比之於江，總覺鮑為質實也。（頁五十七右）

　　本文前引孫氏區辨任、沈之論，即以任昉的質重與沈約的逸氣相對，此處亦同理，指出江文疏，鮑文密；進而從「體製所本」之別來追溯其源，江文取資不專在賦，而是兼學多方，故較顯疏逸，而鮑文則多從漢賦出，偏於質實。「疏」與「密」兩種風格相對，本身並無優劣，然而疏逸展現六朝駢體「疏宕得神」（頁七右）的氣韻之美，正近於孫氏所推崇的駢體理想，似較受孫氏讚賞。再者，此處辨別文之疏密，主要以創作體製與漢賦關係為據，蓋因六朝文之雕琢豔麗與賦體的

鋪采摛文，兩者精神體貌相通，漢賦體製格局宏闊，其「競為侈麗閎衍之詞」及「極聲貌以窮文」、「擬諸形容，則言務纖密」[52]的創作風習，也深為六朝文所繼承。鮑照為六朝詩賦名家，其駢體作品「在風格上顯示了來自漢代大賦的影響」[53]，可見孫德謙謂「鮑深於賦」（頁十四右），而其文「密」、「質實」，實有理可循。《六朝麗指》對六朝文與漢唐文風格之區別，較論云：

> 漢文雄傑，故多大篇。論者每以齊梁小文，鄙之為才氣薄弱，其說似矣。然鮑明遠〈河清頌〉，梁簡文〈南郊〉、〈馬寶〉二頌，薛元卿〈老氏碑〉，李公輔〈霸朝集序〉，如此等篇，亦復氣體恢弘，從漢文出，但類此者無多耳。若以唐文較之，唐代駢文，無不壯麗，其源出於徐、庾兩家。徐、庾文體，亦極藻豔調暢，然皆有遒逸之致，非僅如唐文之能為博肆也。作為文章，固當兼學漢、唐，以論駢體正宗，則宜奉六朝為法。（頁三十一右）

漢賦長篇巨製，多以雄傑著稱，孫氏以為在齊梁諸文中，鮑照〈河清頌〉等諸篇製最能擺脫當時才薄氣弱之病。鮑照〈河清頌〉一文為鮑照代表作，是藉黃河澄清之事向朝廷上祝頌

52　諸語出自《漢書・藝文志・詩賦略》及《文心雕龍・詮賦》，分別引見〔漢〕班固撰、〔唐〕顏師古注：《前漢書藝文志》（北京：中華書局，1985 年），頁 55；王更生：《文心雕龍讀本・詮賦》（臺北：文史哲出版社，1985 年），上篇，頁 133。

53　引見蘇瑞隆：《鮑照詩文研究》（北京：中華書局，2006 年 1 月），第三章〈雲霞錦縟，孤雲絕景 ── 鮑照之駢文〉，頁 105。

之文，以頌揚宋元嘉太平治世，雖不免有人臣歌功頌德之嫌，然其篇製宏大，文辭典雅華麗，確實承漢文之風而能呈現「氣體恢弘」的特點。從漢文雄傑、唐文博肆的對照下，可見六朝文兼有兩者優點，故孫德謙以為為文當「兼學漢唐」，標舉「駢體正宗則宜奉六朝為法」，這也正是孫德謙駢體文學史論的一項重要識見。

　　「六朝之文，豔麗莫如江、鮑」，然綜合上述孫德謙對江淹及鮑照兩家之評，可見兩家在六朝競新逐奇、馳騁豔麗聲色的時代文風中亦呈現氣韻特質，故仍能有可觀。張溥（1602－1641）《漢魏六朝百三家集》也特別強調六朝文的「生氣」，謂：

> 歷觀駢體，前有江、任，後有徐、庾，皆以生氣見高，遂稱俊物。[54]

「生氣」即作品中所表現的氣韻，前一小節所提及的任昉，以及本節所論評的江淹等文家，大致皆能具有散逸俊暢之風，並不陷溺於豔辭麗藻。從為文淵源來說，鮑照主要師法漢賦，江淹則取資多方；就風格表現而言，鮑文「密」而「質實」，江文則「疏逸」，而此「疏逸」正能切合孫德謙「疏宕得神」之批評標準，故顯然更受讚賞。

　　《六朝麗指》對於作家之論述，多半是將觀點與作品充分結合，透過辭句細部技巧實例的解讀，來印證創作現象，使六朝文風特點之描述更能具體化，並藉作家之對照比較，

54　〔明〕張溥著、殷孟倫注：《漢魏六朝百三家集題辭注・徐僕射集》（臺北：世界書局，1979 年 10 月），頁 264。

凸顯評論文章體貌之審美標準。

　　以上孫德謙所評四家，不論是評任昉「文氣疏朗，絕無迹象」、沈約「秀潤、時有逸氣」、江淹「用頓宕之筆」、「氣體散朗」，或是評鮑照「亦有疏逸處，但比之於江，總覺鮑為質實」，甚至上引「徐、庾文體，亦極藻豔調暢，然皆有遒逸之致」等，均多從氣韻之美感角度著眼，也可從而印證「疏宕得神」的駢體審美標準，尤可視為《六朝麗指》作家評論的一項特點。

四、「妙得畫理」與「工於摹寫」：六朝文摹寫形容之風習

　　孫德謙為彰顯六朝文的價值，認為六朝駢體與後世繁縟四六今體並不相同，並提出「論駢文當以晉宋為一格」（頁五十九左）之說，標舉氣韻「饒有逸趣」，足為晉宋文風之長，此已於前面第四章予以闡論；然而除了氣韻，若進一步考察《六朝麗指》對於六朝文特點的體認，則尚有多則內容提及六朝文頗為著意於山水形容以及景物摹寫之手法，此由山水詩作延伸而來的風習及文學美感，也是駢體文學史甚為關注的重要創作現象。張仁青指出：

　　　駢文除精於析理而外，摹寫景物，由所擅揚。酈道元之注《水經》，麗句繽紛，楊衒之之記《伽藍》，

> 偶語盈卷，而物無隱貌，事盡行間，摹寫之佳，冠
> 絕古今，此駢文之用以摹寫者也。[55]

可知以麗辭偶語極力盡致摹寫景物尤為駢體書寫之一項特
長。

關於六朝山水文學風氣興盛的背景及「文貴形似」的刻
畫手法，如劉勰在《文心雕龍》所云：

> 宋初文詠，體有因革，莊老告退，而山水方滋；儷
> 采百字之偶，爭價一句之奇，情必極貌以寫物，辭
> 必窮力而追新：此近世之所競也。（〈明詩〉）

> 自近代以來，文貴形似，窺情風景之上，鑽貌草
> 木之中。吟詠所發，志惟深遠；體物為妙，功在密
> 附。故巧言切狀，如印之印泥，不加雕削，而曲
> 寫毫芥；故能瞻言而見貌，即字而知時也。（〈物
> 色〉）[56]

劉勰所述，反映出南朝宋詩賦模山範水，描景繪物的創作風
尚，其中「極貌以寫物」、「功在密附」、「巧言切狀」、
「曲寫毫芥」等，也正充分說明詩作重於刻畫自然景物，並
有意識追求形似逼真的藝術技巧，故成為顯明的時代審美風
貌。然南朝宋之際所盛興的山水文學，一般文家對此時期的

---

55 引見張仁青：《中國駢文析論》（臺北：東昇出版事業公司，1980年
　　10月），頁238。

56 以上兩則引文見王更生：《文心雕龍讀本》（臺北：文史哲出版社，
　　1985年4月），上篇頁85及下篇頁302。

關注，也多較偏於山水詩賦之成就，對於駢文家作品方面之留意，也顯然不如詩人。孫德謙有鑑於此，特別從文章角度加以著眼：

> 《文心·明詩篇》云：「宋初文詠，體有因革，莊、老告退，而山水方滋。」此固言詩家之怡情山水也，以六朝文論，亦有摹寫山水者。吳均〈與顧章書〉：「僕去月謝病，還覓薜蘿。……仁智所樂，豈徒語哉！」此等文令人讀之，真有濠濮間想。均復有〈與宋元思書〉，亦論山水之奇異。至陶宏景〈答謝中書〉，所謂「山川之美」云云，則已載於前。是皆善言山水者也，觀此數篇，可知六朝人怡賞山水，為文亦然，豈徒詩而已哉？（頁三十三左～三十四右）

此處所舉吳均（469—520）〈與顧章書〉、〈與宋元思書〉及陶宏景（456—536）〈答謝中書書〉三篇，均為南朝山水尺牘小品中的寫景名篇，尤其「吳均體」如前節所提，屬於「四體」之一，以「文體清拔有古氣」，為時人所宗法，也因而孫德謙特別指出「六朝人怡賞山水，為文亦然，豈徒詩而已」，正為一項文學史範疇的特識。孫德謙在《六朝麗指·自序》曾歸納自己長年好讀六朝文，在「握睇籀諷」之際有所發現，云：「緝類新奇，會比興之義；窮形抒寫，極絢染之能」，其意即在強調六朝文具有刻畫窮形盡貌，文采極盡絢染的特點，長於刻畫描繪這一點，也可謂是駢體在句式、用典等形式特徵以外一項突出的美感。他在《六朝麗指》之外的其他著述中亦有近似論調，其所作〈駢體文林序〉一文

指出：

> 夫駢偶之文，六代尚矣。其琢辭新鍊，造字精奇，
> 意通於比興，氣行乎逸宕。得畫理者，山川寫其
> 幽；練世情者，風雲狀其幻。凡晉宋以來，顏謝騰
> 聲，任沈齊譽，醴陵擅藻豔之美，蘭成盡開闔之
> 能，名家響臻，於斯為盛。嘗謂作駢文者，必取裁
> 於此，亦猶詩學三唐，詞宗兩宋，乃為善耳。[57]

此凸顯六朝駢偶創作體式上琢辭、造字以至文意、文氣之表
現特點，且名家輩出，凡此正足以推為駢文取裁之典範。其
持論主要著眼處有三：第一，「琢辭新鍊」、「造字精奇」
正是六朝一般文學作品形式方面之特長；第二，「意通於比
興，氣行乎逸宕」，更可見六朝文「切類指事，環譬託諷」，
深得風詩比興之旨，也最具遒鍊雋逸的氣韻之妙；第三，六
朝駢體寫形方面能深得畫理，傳神方面能通達人情，因此山
川風雲等各種自然景物，均在名家妙筆下能入幽探隱，這確
實是對駢體藝術手法及境界的高度讚揚。六朝繪畫方面成就
頗高，文學與繪畫均為藝術創作，具有本質上的相關性，因
此描述自然景色的文字，就易與繪畫的形象產生直接關聯，
並以能相映成趣的表現為藝術美感，而文人也常有以「如
畫」來表述對文字描寫形象上造詣的常例，周勛初曾詳究此
一現象並指出：

---

57 引見孫德謙：〈駢體文林序〉，《學衡》1924 年第 25 期，頁 1。

當時文人也已普遍採用「如畫」這一術語，……把描寫對象看作優秀的繪畫作品，把「如畫」一詞用作高度評價的形容詞，表明當時文人已經普遍地把形象鮮明生動作為對文學作品提出的美學要求的主要內容之一。[58]

因此具有描寫性質的文字作品，也自然會以能否「如畫」、「形似」甚至「神似」作為創作的理想。劉勰謂：「寫物圖貌，蔚似雕畫」（《文心雕龍・詮賦》），《六朝麗指》也從文與畫之間的類比性和相關性，凸顯六朝駢文長於描寫的一項特色，指出：

昔人謂王摩詰「詩中有畫」，以吾觀之，六朝駢文能得畫理者極多。陶弘景〈答謝中書書〉云：「山川之美，古來共談。……夕日欲頹，沈鱗競躍，實是欲界之仙都。」觀其狀寫山水，非絕妙一幅畫圖乎？至祖鴻勳〈與陽休之書〉云：「家先有野舍於斯，遭亂荒廢，今復經始。即石成基，憑林起棟。……孤坐危石，撫琴對水，獨詠山阿，舉酒望月。」書其閒居之樂，深入畫境，使後人讀之，猶若見其身在畫中也。《晉書・顧愷之傳》：「傳神寫照，正在阿堵中。」如此等文，以畫家求之，真可謂「傳神寫照」矣！（頁六右～七右）

---

58 相關論述請詳參見周勛初：〈魏晉南北朝人對文學形象特點的探索〉，《魏晉南北朝文學論叢》（南京：江蘇古籍出版社，1999 年 11 月），頁 269-271。

此則論旨正在凸顯六朝山水小品妙得畫理的特色，所評〈答
謝中書書〉、〈與陽休之書〉兩篇，對山水景色乃至閒居之
樂刻畫深刻鮮明，頗有狀溢目前之感，前者「絕妙一幅畫
圖」，後者「深入畫境」，對賞觀者而言，形成「文中有畫」
的審美感受，對創作者而言，則展現「傳神寫照」的藝術表
現。如王文濡對〈答謝中書書〉之評論，也從此類角度著眼，
其謂：

> 清氣迎人，餘暉照座，山川奇景，寫來如繪。詞筆
> 高欲入雲，文思清可見底。[59]

「寫來如繪」正是對文章能呈現畫境的評價，而文思能達致
「高」、「清」，則又涉及境界層次。就藝術境界的表現而
言，如畫的形似僅為一般水準，「傳神寫照」才能達到神似
的更高境界，孫德謙主張為文以六朝為取法，貴在通篇氣局，
即抱持較高層次的審美標準，云：

> 往嘗作一篇成，取六朝文涵泳之，觀能否合其神韻，
> 有不善者，則應時改定，彼貌為高古，但求形似者，
> 吾無取也。（頁六十八左）

正否定了僅停留在形似層次的描摹手法。此外，孫德謙針對
文章廣泛運用的形容法，指出看待的要領：

59　引見王文濡：《南北朝文評注讀本》（上海：中華書局，1936 年 12
　　月），卷二，頁 11。

> 遽信其真，不察其形容之失實，而拘泥文辭，因穿
> 鑿附會以解之，斯真不善讀書矣。故通乎形容之
> 說，可以讀一切書。六朝之文，亦非苟馳夸飾，乃
> 真善於形容者也。（頁六右）

此處所指形容法為夸飾修辭，其用意在於刻意形容，讀者善
加通曉即不致拘泥誤信夸辭為真，是故「通乎形容之說」可
為賞讀駢文指引門徑，而「真善於形容」則是對六朝文長於
描繪特點的肯定。

駢散之分爭議由來已久，崇散抑駢，執門戶之見者，往
往認為駢體僵化，孫德謙對此則持論反駁謂：

> 近人喜語體者，以為用此則生，文言則死，其排斥
> 駢文尤甚，此大謬不然。夫文之生死，豈在體制？
> （頁六十八左）

他特別關注駢文的摹寫形容之法，另一用意及目的，即期能
為釐清此類語體優於駢體的一偏之見，並提供具體理據。孫
德謙認為駢體描寫措辭之佳者，亦栩栩如生，躍然紙上，如
同散體動人。他析論並舉例指出：

> 駢文之體，固是以辭藻勝，然六朝工於摹寫。如劉
> 孝儀〈北使還與永豐侯書〉：「馬銜苜蓿，嘶立故壚；
> 人獲蒲萄，歸種舊里。」真一幅子卿歸國圖也。庾子
> 山〈為梁上黃侯世子與婦書〉：「想鏡中看影，當不
> 含啼；欄外將花，居然俱笑。」此種文何等活潑，直
> 入畫境。夫文能妙達畫理，豈猶垂垂欲死耶？六朝

> 名家，其他亦多類是。蓋嘗取喻於畫：駢文如著色
> 山水，非如古文之猶可淡描也。（頁六十八左）

為了證明六朝駢文「工於摹寫」之長，除上述各則山水寫景小品之例外，此處又以劉潛（字孝儀）（484—550）〈北使還與永豐侯書〉及庾信（字子山）（513—581）〈為梁上黃侯世子與婦書〉兩篇簡短的應用文書為例。前者一方面寫出使北地行役苦寒之景象，一方面寫返歸故國，幼子鄰友迎接，把酒自娛的情景，其中故壚馬鳴、歸種葡萄之情景刻畫頗為生動，故孫德謙在此評「真一幅子卿歸國圖」；後者是代梁宗室蕭愨所寫，主要描寫離別後思憶昔日鏡中看影、欄外賞花等情景，益增其宗室陷後茹恨吞悲之哀感，故孫德謙以為「直入畫境」。此處雖僅舉出兩例，然其實類似之例不勝枚舉，可見景物摹寫「如著色山水」，用筆精細生動，力求如畫之風習相當普遍，作家費心經營文字，使描摹情景鮮活，也使文字不致死板，表現出與一般應用類文章較為不同的文學性，足可作為考察六朝駢體文學整體發展不可忽略之一項特點。

五、結　語

對往代文風、文學發展現象予以描述並進行作家作品評論，是文學史論著的重要任務，文學史雖屬現代學科，但傳統文章學（文話）的論述體系及話語體例，亦同樣能發揮文學史的論評精神。如學者謂：

作家的詩話、詞話、賦話、評點等關於文學演變的
論述可以說是中國古代獨特的文學史研究形態。[60]

孫德謙《六朝麗指》運用文話獨特的理論型態，以漫談方式
闡述六朝駢體文學，其著書要旨主要在於綜理「六朝之閎規
密裁」，故全書專從體製、風格、文風、流別、審美特質、
創作技法、作家評論等多重面向論述六朝時期駢體文學特
徵，並關注六朝文學發展問題，其性質不僅是一部「六朝駢
文概論」[61]，也實可謂為「晚清六朝駢文研究的殿軍之作」[62]；
就理論內涵而言，則已略具「六朝駢體文學史論」的初步規
模及理論架構，其書中條目內容也大致能與今日對文學史論
著所謂「提供資訊，轉述資訊」，甚或「綜輯批評，述記源
流」等功能相應，學術視野也深廣度兼備，對於今日檢視此
一時期文學風貌，當能有所啟發。透過《六朝麗指》的觀照，
孫德謙「駢體正宗則宜奉六朝為法」之說，確實有一定識見，
而在所謂「凡一代有一代之文學」的觀點下，六朝駢體文章
的優勢及獨特美感價值，也可得到較適切的學術評價與定

---

60 引見俉榮本：《文學史理論》（北京：社會科學文獻出版社，2012年
　1月），頁215。
61 如劉濤指出此書：「堪稱一部六朝駢文概論，其內容豐富，舉凡六朝
　文地位、駢文創作及鑒賞、文體源流、駢散合一理論、作家作品評騭、
　與其他學術或文體的關係等，皆有論述。」詳見劉濤：〈論六朝麗指
　在駢文批評上的貢獻〉，《廣東技術師範學院學報》（社會科學），
　2013年5期，頁15。
62 引見汪泓、丁姍姍：〈孫德謙六朝麗指氣韻說淺釋〉，《中國古代文
　章學的成立與展開》（上海：復旦大學出版社，2011年3月），頁
　482。

位。至於「鏡鑒源流，銓綜利病」[63]之文學批評任務，則非
屬於其著書主要預設的立場，因此所謂「洵乎前哲之流別，
來學之津逮」[64]之評，可說相當切要點出《六朝麗指》所發
揮文學史論著鑑往知來的性質及意義。

綜合本章所論，透過六朝駢體文學史的視角，《六朝麗
指》的理論觀照有多方面的開展，其所發揮的文學史論的學
術意義，主要可歸結為以下三項：

第一，從六朝駢體文學發展脈絡之勾勒來看：《六朝麗
指》依正史文學傳之史料標舉「三體」及「四體」之論，「三
體」之說探討宋齊以來詩文家三種創作體貌趨向，而「四
體」之說則概括了南朝文學由輕豔、清麗到綺豔等風格一路
承遞遷變的發展歷程，凡此得以展現六朝駢體不僅只是繁縟
綺靡的單一面貌而已，其實也呈現體貌豐富，無體不備的多
元性。

第二，從作家評論中審美之取向來看：《六朝麗指》論
述作家時，多將觀點與作品充分結合，透過辭句細部技巧實
例的解讀，來印證創作現象，使六朝文風特點之描述更能具
體化，並藉作家之對照比較，凸顯評論文章體貌之審美標
準。如任沈並稱，兩者均以「氣體散朗，紆餘生妍」特色見
長，然任長於隸事用典，故博贍而質重，沈則秀潤而有逸氣；
又江鮑並稱，兩者為豔麗文風之代表，鮑文密而質實，江文

---

63 孫德謙《六朝麗指·自序》云：「若乃鏡鑒源流，銓綜利病，善文之
　士，類能道之，斯則非所急矣。」引見《六朝麗指》自序頁二右。
64 此根據馮煦為《六朝麗指》作序之語云：「甄綜異同，叶殊徵於吐鳳；
　掎摭利病，邁絕作於雕龍。洵乎前哲之流別，來學之津逮矣。」引見
　《六朝麗指》自序頁一右。

則疏逸。而透過兩相對比，沈約之逸氣，江淹之疏逸，亦正可與「疏宕得神」的駢體審美標準相互印證。

　　第三，從六朝文摹寫形容風習之凸顯來看：《六朝麗指》書中多處內容提及六朝文對於山水形容及景物摹寫手法的運用，故小品文描繪妙達畫理，刻畫力求傳神寫照，山川風雲等自然景物，均在作家妙筆下得以深刻鮮明，這樣的文學關注點，一方面開啟另一種觀看應用或應酬類文章的不同視角，一方面也印證駢體摹寫的藝術表現同樣亦能達到栩栩如生的境界，與散體並無差異，為散體優於駢體此類偏見的釐清，提供具體理據。

　　本文梳理並考察《六朝麗指》有關駢體文學史範疇的觀點，其中有依循史家前人之說而立論，亦有獨特的審美識見，其文學史觀點和視野，對於今日回顧並理解六朝駢體文學發展史而言，或許也能發揮一些可資參鑑的理論意義。

第七章 結 論

　　魏晉南北朝位居中國文學發展史「中古時期」的開端[1]，其演變創新的幅度高，追求文學美感的意識強，創作成果也有多元面向的開拓，是相當具有特殊性及關鍵性的一個時代；然由於創作普遍或過度強調表現形式上的駢儷聲色，致使作品內涵較易趨於貧乏空虛，即後世所謂「彩麗競繁，而興寄都絕」[2]，如此偏於縟麗輕靡之文風，頗遭致後世文家輕鄙，故一直以來也是文學成就高卻評價較受爭議的一個時代。

　　六朝駢儷文風盛行，普遍講究語言形式技巧之美，因此詩文作品之辭采聲色在精雕細琢、競新逐奇作風的推波助瀾下達於高峰，正如胡適（1891—1962）所謂「可說是一切韻文與散文的駢偶化的時代」[3]。李澤厚（1930—2021）亦具體

1　例如袁行霈主編《中國文學史》一書，即將中國文學史分為上古、中古及近古三大時期，其中「中古期」從魏晉至明中葉，西元三世紀至十六世紀。參見袁行霈主編：《中國文學史》（北京：高等教育出版社，1999 年 8 月），第一卷〈總緒論・中國文學史的分期〉，頁 14。
2　此語出自〔唐〕陳子昂〈與東方左史虯修竹篇序〉之語，引見《四部叢刊初編・集部・陳伯玉集》（臺北：臺灣商務印書館，1967 年），卷一，頁 12。
3　魏晉南北朝大致從漢末建安元年（196）至隋文帝開皇元年（581），將近四百年左右，胡適此　語指稱唐以前三百年的文學發展，大致即涵蓋在此一時期。詳見胡適：《白話文學史》（臺南：東海出版社，1976 年 8 月），第八章，頁 89。

指出：

> 從魏晉到南朝，講求文辭的華美，文體的劃分，文
> 筆的區別，文思的過程，文作的評議，文理的探
> 求，以及文集的匯纂，都是前所未有的現象。[4]

此處頭一項就將「文辭的華美」列為代表六朝時期文學作品
的重要特徵，辭采聲色受到關注的程度，可見一斑。關於駢
辭儷采對六朝文風所造成的影響，劉勰《文心雕龍》曾表達
深切的文學關懷，因當時作品多有「體情之製日疏，逐文之
篇愈盛」（《文心雕龍·情采》）的不良傾向，故屢屢對「近
代辭人，率好詭巧」（《文心雕龍·定勢》）、「近代辭
人，務華棄實」（《文心雕龍·程器》）的文學趨勢發出憂
心之歎。

　　清代駢體復興之勢在前，新文化思潮驅逼在後，清末民
初的孫德謙，面臨此一新舊思潮相互衝擊，雖極力持論維護
傳統文學地位，但也更有深切反思，故「成誦在心，借書於
手」（《六朝麗指·自序》），將自己三十年習駢讀文心得，
撰成《六朝麗指》一書。他運用傳統文話獨特的理論型態，
以漫談方式闡述六朝（指南北朝）駢體文學，以綜理「六朝
之閎規密裁」為著書要旨，全書專從體製、風格、文風、流
別、審美特質、創作技法、作家評論等多重面向論述六朝時
期的駢體文學特徵，並關注六朝文學發展問題，為駢文文學
發展總結出可觀察之條理，是故其書性質不僅是一部「六朝

---

4 引見李澤厚：《美的歷程》，收錄於《美學三書》（合肥：安徽文藝
　出版社，1999年1月），頁100。

駢文概論」[5]，就內涵而言，也因孫德謙博通文史、兼備駢體創作之長的思維及視野，使《六朝麗指》一書深廣度兼備，殆可謂已略具「六朝駢體文學史論」的規模，對於今日檢視此一時期文學風貌，亦當能發揮一些指點或啟示的作用，故當代學者推崇其書，讚譽為「晚清六朝駢文研究的殿軍之作」[6]、「中國古代駢文批評的殿軍之作」[7]，亦當為實至名歸。而透過《六朝麗指》細密的理論觀照，在所謂「凡一代有一代之文學」的觀點下，六朝駢體文章的優勢及獨特美感價值，也可得到較適切的學術評價與定位。至於「鏡鑒源流，銓綜利病」[8]之文學批評任務，則非屬於其著書主要預設的立場，因此所謂「洵乎前哲之流別，來學之津逮」[9]之評，可說相當切要點出《六朝麗指》所發揮文學理論型著作鑑往知來的性質及意義。陳平原曾從文學史的角度，反思提出文學史著作研究態度的問題：

---

5 如劉濤指出此書：「堪稱一部六朝駢文概論，其內容豐富，舉凡六朝文地位、駢文創作及鑒賞、文體源流、駢散合一理論、作家作品評騭、與其他學術或文體的關係等，皆有論述。」詳見劉濤：〈論六朝麗指在駢文批評上的貢獻〉，《廣東技術師範學院學報》（社會科學），2013 年 5 期，頁 15。

6 引見汪泓、丁姍姍：〈孫德謙六朝麗指氣韻說淺釋〉，《中國古代文章學的成立與展開》（上海：復旦大學出版社，2011 年 3 月），頁 482。

7 引見丁紅旗：《魏晉南北朝駢文史論》（成都：巴蜀書社，2012 年 6 月），緒論，頁 14。

8 孫德謙《六朝麗指‧自序》云：「若乃鏡鑒源流，銓綜利病，善文之士，類能道之，斯則非所急矣。」引見《六朝麗指》自序頁二右。

9 此根據馮煦為《六朝麗指》作序之語云：「甄綜異同，叶殊徵於吐鳳；掎摭利病，邁絕作於雕龍。洵乎前哲之流別，來學之津逮矣。」

> 研究者不只應該具有獨立的審美標準與文化立場，
> 必要時還能與古人處同一境界，理解其苦心孤
> 詣。……一個優秀的文學史家，應當是既「特立獨
> 行」，又「體貼入微」。有自己的判斷，卻又能領悟
> 前輩學者的好處並理解他們的困境，如此平正通達
> 的學者，其著述方才顯得大氣。[10]

《六朝麗指》面對新文化思潮衝擊，尊尚六朝駢體，秉持堅定而又獨特的審美見解與理論立場，洞察並深掘六朝文價值，頗能見其苦心孤詣，故若借用上述這段話語來理解甚或評述孫德謙的文化視野及理論態度，其實也頗為貼切。

　　本書為筆者近年從事《六朝麗指》研究部分成果的彙集，全書以駢體文學理論為闡析的主軸，每一章分別從不同主題面向進行探討，除匯聚焦點以抉發孫德謙著書的持論要義，也嘗試鉤稽釐析其書中各條目之間的理路脈絡，期能彰顯其書在駢體文學理論方面所發揮的意義及學術價值。以下綜合本書各章研究所得，從幾個不同角度進行檢視，歸納《六朝麗指》文論的幾項特點及可能侷限，並作為簡要評議：

　　第一，就理論的型態而言：《六朝麗指》成書於新舊文化交替之際，孫德謙精通文史，是學者型的文士，一方面致力於為駢體文學傳統進行總結，替後續研究者指引路徑，一方面也有意在語體代興的新時代裡，釐清一般學者對駢體的偏見。他運用文話型態，不拘文章結構及固定體式，與新式

---

10 引見陳平原：《文學如何教育》（臺北：新地文化藝術出版公司，2012年 11 月），第四章「文學史之是非曲直」，頁 314-315。

學科研究應具備的嚴謹體例及條理，確實仍有差距，但其較為自由的隨筆方式進行理論闡述，每一則皆有針對的議題或中心論旨，各則均可獨立看待，彌綸綜合以觀，又多能尋繹到理路之關聯，如此似亦頗能發揮以簡馭繁或者提綱挈領的理論傳播作用。歷代文話著作中，有頗見系統性與原創性的理論專著，也有屬於「說部性質、隨筆式的著作」，王水照指出隨筆式文話著作的體例特性在於：

> 內容廣泛叢脞，大都信口說出，漫筆而成，於系統性、理論性有所不足。[11]

《六朝麗指》內容性質大致近於此類文話型態，然也並非全無理論性及系統性。孫德謙在面對復古思潮及現代思潮的同時，其書循沿傳統文話體例，但亦頗有與現代學術對話之用意，故書中對於六朝駢體相關概念，屢見辨正、反詰、呼告或商榷之語，究其實旨，蓋有釐清讀者觀念之意。茲節錄數則話語以略見此論旨，如：（依頁數先後排列）

> 不知陽剛陰柔，古今自有兩種文體，若泥簡文之說，而即以擯黜六朝，則非也。（頁七左）

> 讀六朝文者，此種行文秘訣，安可略諸？（頁八左）

> 近世之論駢文，有所謂選體，蓋亦以詔人以學六朝乎？（頁十五右）

---

11 參見王水照編：《歷代文話·序》（上海：復旦大學出版社，2007年11月），第一冊，頁3。

烏得以文用駢體而一概鄙夷之哉？（頁三十二右）

夫駢文誠不可無對偶，然豈可率爾操觚耶？（頁四十五左）

六朝於字句之間不厭推求，學者尤宜法之。（頁五十一右）

取彼去此，非特一偏之見哉？（頁七十右）

殆我朝學者，始取此駢字以定名乎？（頁七十左）

各句表述之語意堅決而剴切，即明顯展現欲與讀者展開對話或引發讀者共鳴的立場，其所呈現的文話型態，固然屬於舊有學術傳統的文論風貌，但就駢體文學理論而言，實兼具綜理駢體發展成果並開啟六朝文章研究視野的學術意義，如陳鵬即認為《六朝麗指》是「由傳統駢文學向現代批評轉變的代表著作」[12]。

　　進一步而言，馮煦曾作序推崇《六朝麗指》「祖子桓之述文，抗士衡之詮賦」，並且「甄綜異同，叶殊徵於吐鳳；掎摭利病，邁絕作於雕龍」，旨在讚響《六朝麗指》一書可與〈典論論文〉、〈文賦〉等論著相提並論，並有超邁《文心雕龍》之特出成就。然平心而論，兩書學術價值能否相提並論，仍頗有可議空間，尤其《六朝麗指》隨筆即興式的書寫型態，各則連貫性不足，也缺少精心的布置，致論旨零散，

---

12 此語引見陳鵬：〈論孫德謙駢文學的創新及其意義〉，《江淮論壇》2023 年 4 期（2023 年 8 月），頁 166。

仍需前後鉤連，進行條理貫串，方得以呈顯系統性，僅就此一點，恐仍遠不及《文心雕龍》囿別區分、體大慮周的嚴密理論架構。

　　第二，就理論的深度而言：《六朝麗指》理論觀點中以駢散合一論及氣韻說最為核心，並形成一系列論點，具體為駢體文章研究發揮振舉綱領的作用。駢體往往重視辭句的工整，但孫德謙主張「駢文之中，苟無散句，則意理不顯」、「駢散合一乃為駢文正格」，因而認為駢散兼行可兼具疏逸與清晰的行文特點；他繼承前輩學者所提出「潛氣內轉」之觀點，並進行較深入探索，認為潛氣內轉可使文理於內在開合轉折中，銜承自如，造成文氣遒鍊、舒緩而不迫促的效果，此法不僅為駢文與散文「氣盛言宜」不同之蹊徑，也足以成為駢體相當重要的審美內涵，這對後世駢體文學研究而言，當有推進、深化之效。再者，有關駢體文句所呈現的美感，孫德謙並不拘於僵化的形式，在屬對、藻飾、用典、音律諸要素上，以自然為宗，力求靈活曉暢，故多秉持較為平正通達之態度看待，如以下所摘錄幾則：（依頁數先後排列）

> 駢文宜純任自然，方是高格。（頁三右）

> 雖法用謹嚴，固有難於屬對者，然寧隘毋泛，則方見駢文之可貴。（頁四十三右）

> 六朝雖尚藻麗，可知猶有樸素之美也。（頁四十八左）

> 文章之妙，不在事事徵實，若事事徵實，易傷板滯。（頁五十三左）

句對宜工，但不可失之湊合，或有斧鑿痕。（頁六十
八右）

古人為文，本不拘拘於音律也。（頁六十八左）

在對偶方面認為「不可失之湊合」，用典方面主張「寧隘毋
泛」、「不在事事徵實」，辭藻方面崇尚「純任自然」、「樸
素之美」，音律方面則認可「不拘拘於音律」之文，凡此正
可見到孫德謙雖自己亦身為駢文家，卻不一味嚴守駢體形式
或拘於門戶之見，在體製上追求自然而合宜的表現，這一系
列論述，對於澄清駢體長期被視為僵滯病癥的偏見而言，自
有切實的意義，從中也略見孫德謙在民國初年新文化思潮下，
針對菲薄六朝之批評，力圖回應的立論深度。呂雙偉指出：

《六朝麗指》對六朝駢體文章，包括文體特徵、語言
形式運用及審美特點等作了較為深刻的評論，代表
了孫德謙，也代表了民初駢文理論的最高水平。[13]

亦正好點出其書立論的深刻性及價值。

　　第三，就理論的廣度而言：《六朝麗指》全書一百則，
內容或長或短，或闡析名家修辭造句之法，或綜理駢體文章
體要，或揭示研讀駢文途徑，所涉及理論面向相當廣泛。如
王榮林論文指出：

全書的內容比較豐富，包括六朝駢文之流變、作家評

---

13 引見呂雙偉：《清代駢文理論研究》（北京：人民出版社，2011年8
月），頁271。

價、作品分析、文體辨析、文風描述、創作方法的探
討、藝術技巧的分析等等，涉及面非常廣，總體成就
很高，是六朝駢文批評方面不多見的理論著作，在中
國駢文批評史上具有不可忽視的地位。[14]

正可概見其書顯著的學術意義。因此從駢體文學的視角來
看，則駢體文學史、駢體文學論、駢文批評等面向均含括在
內，實可謂是結合「史論評」三方性質的文話論著。

在駢體文學史方面，孫德謙梳理文學發展趨勢，格外推
崇六朝文，認為六朝文與後世全取排偶的四六格調不可一概
而論，他重視「氣韻」的審美特質，凸顯「疏宕得神」、「神
韻蕭疏，饒有逸趣」等特質，以為最為晉宋文風之長，因而
強調「論駢文當以晉宋為一格」，此既是有別於齊梁以後「繁
縟」之風的關鍵，也與唐代駢體「無不壯麗」（頁三十一右）、
「易失寬博」（頁五十六右）的特質頗為不同，這對於今日
釐析六朝駢體文學發展大勢，當可發揮些許觀點啟引的理論
意義。是以劉麟生推崇此一氣韻之說，嘗謂：「氣韻自然之
說，實可為吾人之準繩」[15]，可見其創作理論的重要價值。

在駢體文學論方面，孫德謙宗師六朝為「駢家之軌範」，
彰顯六朝文的價值，駢散合一尤為《六朝麗指》全書論述之
核心觀點，從六朝文章定位、釐清駢體範圍、揭舉駢文正格
等方面，析論駢散結合體製的優勢，期能矯正古文家以正統

---

14 引見王榮林：《六朝麗指研究》，（瀋陽：遼寧大學博士論文，2015
年5月）第一章，頁6。
15 引見劉麟生：《中國駢文史》（臺北：臺灣商務印書館，1990年12
月臺六版），頁164。

自居而鄙薄六朝駢體的成見，故可視為清代以來駢散合一論的歸結者。另外，孫德謙相當重視體裁問題，專設條目探討連珠、七體、墓誌、論體、遊戲文、序錄、贈序、書記、賀牘、移文、章表奏啟等體類，並多方闡論各體裁之源流、本末、正變或體要，所涉及論述的層面相當廣泛。

在駢文批評方面，《六朝麗指》評論作家，也評述作品，尤其全書中設置多則專論六朝作家，而各條目中引述六朝作家作品以為例證者，約有兩百餘處。其中成就尤為突出，孫德謙推讚為「駢文大家」者，有范曄、任昉及沈約三人，他評范曄之文「曲折以達，疏蕩有致」（頁五十四左），評任昉之文「用筆稍有質重處，不若休文之秀潤、時有逸氣為可貴也」（頁五十三左）；稱許為「極一時之雋」者，如陸倕，曰：「或評其〈石闕銘〉云：『氣體淵雅，故爾道上』。吾謂他篇亦復稱是。」（頁五十七右）；而對於足以成為六朝體貌文風代表性的作家，亦予以凸顯，評謂：「六朝之文，豔麗莫如江、鮑」（頁五十四左）、「江、鮑並稱，余以江文疏逸」（頁五十七右）、「徐、庾文體，亦極藻豔調暢，然皆有遒逸之致」（頁三十一右）。凡此可見書中對於六朝文家成就，亦多從氣韻的角度著眼，即證驗「疏宕得神」的駢體審美評論取向。

第四，就理論的密度及強度而言：《六朝麗指》理論觀照的面向甚廣，固然部分條目屬於漫談，然也有些條目焦點集中，具有高度概括性及理論強度，甚能發揮統整總結駢文創作理則的作用，例如論述駢文運典之法，孫德謙謂：「文章運典，於駢體為尤要，考之六朝，則有區別焉」（頁二十

七右），具體概括出六朝文用典五則常例，分別是：「陳古
況今，以足文氣」、「借以襯托，用彰今美」、「別引他物，
取以佐證」、「義頗相符，反若未稱」及「無涉本題，盡力
描摹」，並均由實際文例來考察用典的功能及效果，此五例
各有所指，概括性強，觀點頗有獨到之處，尤其專從駢體寫
作的角度著眼，正可見到六朝文運用典故的創作思維，對於
六朝駢體化典成文的表達藝術而言，亦可謂提供了深入理解
的門徑。

　　其次，孫德謙探討六朝文運用訛字現象，論謂：「一時
作者並起，既以新奇制勝，則宜考其為此之法」（頁二十九
左），因而歸納出三項文家常用規則：第一是「詭更文體」，
第二是「不用本字，其義難通，遂使人疑其上下有闕文者」，
第三是「顛倒文句」，以證明「訛而新」的創作風習已成為
普遍現象，雖然文章追求新奇表現的方式相當多元，未必侷
限於固定格式，但此處由創作現象歸納常例，釐析出條理，
自能發揮觀照全局的理論效益。

　　再者，《六朝麗指》對於六朝駢體創作現象及技巧，多
能結合實際文例進行解說，並透過作品文句細讀，揭示評文
之法及為文要領，相當能發揮讀法指引的功能，孫德謙指出
「六朝於字句之間不厭推求，學者尤宜法之」（頁五十一右），
而他對於六朝文章創作現象及技巧的分析，也往往不厭細繹
推求，故使文理與實例結合更為緊密，互為印證，頗能達致
「心與理合」、「辭共心密」的理論密度。

　　另外，孫德謙關注駢體發展問題，在《六朝麗指》書中
屢屢推崇並強調六朝文在駢體中的典範地位與價值，故其最

關鍵的立論前提，當是奉六朝駢體為準則，強調取法乎上，並推衍出駢文應善法六朝之觀點，如以下所節錄的幾則：

> 有志斯文者，當上窺六朝，以作之準，不可逐末而忘其本。何則？六朝者，駢文之初祖也。（頁一左～二右）

> 作為文章，固當兼學漢、唐，以論駢體正宗，則宜奉六朝為法。（頁三十一右）

> 若志在肄習駢文，則不可不宗師六朝，何也？六朝者，駢家之軌範，所謂取法乎上也。（頁四十右）

> 吾謂作為駢體，不可不上法六朝，而六朝於字句之間不厭推求，學者尤宜法之。（頁五十一右）

此類持論均反覆在書中出現，頻率也頗高，為《六朝麗指》一書相當具有理論強度的重要觀點。

　　《六朝麗指》多方面的理論成就固然值得肯定，然其以文話漫談型態成書，則仍難免有論述未盡嚴謹之處，基於評議之立場，在此亦不刻意為賢者諱，故不揣鄙陋，略舉三項作為說明：

　　其一，《六朝麗指》以「六朝」為範圍，其所謂六朝，依書中論評取材之範圍，其實主要指的是宋、齊、梁、陳、北朝、隋，亦即南北朝時期，依此範圍，則東晉時期陶淵明（365—427）即不宜列入，然書中仍設條目專論陶淵明，其云：

> 或謂靖節人非六朝之人，文亦非六朝之文，真知言
> 哉！（頁五十四右）

又於其他條目中謂：

> 陶詩：「奈何百世下，六籍無一親。」觀其所作詩
> 文，藹然有《詩》、《書》之氣，宜其高出六朝也。
> （頁五十五右）

雖其意旨在於推崇讚揚，謂陶詩文有別於六朝，並且高出六
朝，但也更可見東晉及陶淵明均應非屬於全書所稱「六朝」
的論述範圍[16]，故可能有逾越論述範圍之微瑕。

其二，《六朝麗指》一書廣採眾家之言，頗有旁徵博引
的特點，或明引經史典籍之語，或徵引《文心雕龍》論文之
句，也引述頗多學者意見以為佐證，然亦偶見引據前人論點
說法卻未明其人的狀況。以上所舉「或謂靖節人非六朝之人」
即為如此，再舉幾則文例以觀，如以下幾則條目引文：

> 沈休文〈梁武帝與謝朏敕〉嘗謂：「山林之志，上所
> 宜弘，激貪勵薄，義等為政。」或謂此四語夾敘夾
> 議，即所謂斷字訣也。（頁十四右）

---

16 本書第一章對「六朝」界定已加以闡述；另李倩倩《孫德謙六朝麗指
新探》根據這兩條內容亦謂：「將陶淵明之詩文與六朝對舉，可佐證
東晉實不在孫德謙所稱六朝範圍之內。詳參李倩倩：《孫德謙六朝麗
指新探》（石家莊：河北師範大學碩士論文，2013 年 6 月），第一章
第一節，頁 3-4。

唐賢有云：「古人因事立文，後人為文造事。」竊謂
六朝之文，雖謝賁各啟，無與世道，然亦可知其文
不虛構也，況大而經世者乎？（頁三十一左）

或評：「作四六，必須有此宕逸處方佳。」所見亦極
精確，吾恐「宕逸」二字，尚不足盡之。（頁三十二
左）

蓋蔚宗之文，敘事則簡淨，⋯⋯或云：「氣體肅穆，
使人三復靡厭者，莫如范蔚宗之史論。」（頁五十四
左）

近儒有曰：「在人則謂之傳，在書則謂之序。」此真
不刊之言。（頁五十九右）

以上各例，孫德謙在引述他人說法時，或加上「或謂」、「或
評」[17]、「或云」等，或謂「唐賢有云」、「近儒有曰」，
均表贊同之意，雖皆明白標注為參引他人之說，也並非掠人
之美，然不甚詳其話語何人所云，難以確認出處所指，此就
學術之嚴謹性而言，實非妥適。

其三，《六朝麗指》闡論文理以隨筆形式漫談，固然所
展現的是文話的特點，然其行文未必詳實盡致，有時點到為
止，以致其中論述仍不免局部片面，而有去脈絡或者理緒脈

---

17 依據王益鈞論文之考察，此處所引兩則「或謂」、「或評」之語皆出
自清蔣士銓《砆批評選四六法海》。除此兩處，其他尚有三例亦均為
蔣士銓之評，其說詳參王益鈞：《孫德謙駢文理論研究》（香港：香
港中文大學中國語言及文學課程碩士論文，2006 年 12 月），第一章
第二節，頁 8-9。

絡不清之情形，此一表意限制，當是正視《六朝麗指》理論
價值時勢必難以迴避的一項問題。例如孫德謙概舉六朝之文，
舉出「四體」之說，其云：

> 統觀六朝，凡有四體：有以時言者，則曰永明體；
> 有以地言者，則曰宮體；有以人言者，則曰吳均
> 體、徐庾體。……綜此四體，六朝作者，當不外乎
> 是矣。（頁十六右）

此從時、地、人等多重角度著眼，永明體及宮體主要對象指
詩，而吳均體及徐庾體主要範圍在於文，大致為共時並存的
流派概念，也是對六朝文學發展關鍵歷程的撮舉。然而若深
究其旨，其中的永明體及宮體，兩者主要指涉範圍在詩體方
面，其與駢文發展之間關係為何？若用以指稱六朝駢體發展
形成的風貌，其由詩至文概念上的關聯，則顯然缺少文理的
連結，有去脈絡化的現象，故該條目僅為歷史文獻材料的節
錄舉列。又例如孫德謙主張駢散合一，並標舉為《六朝麗指》
的立論核心，然面對重要作家徐、庾，則評謂：

> 徐、庾文體，亦極藻豔調暢，然皆有遒逸之致。（頁
> 三十一右）

徐庾之文幾乎通篇為四六駢體，「藻豔」當屬確評，然若評
謂「皆有遒逸之致」，則似與其駢散兼行的理論立場有所矛
盾，也與駢散合一所形成遒鍊雋逸氣韻的審美觀點不同，此

處也未有相關文例舉證，故造成此評語與立論之間的距離，
難產生脈絡呼應的效果。另外，《六朝麗指》行文亦見評點
之習，如謂：

> 余謂六朝駢體，若取譬於兵，其如子貢所謂「服白衣
> 冠，陳說於兩軍之閒，有不戰屈人之善乎？」《左氏》
> 有言曰：「好整以暇」，殆六朝之謂矣。（頁三十八
> 右）

此則將六朝駢體之作法與兵法類比，並藉《左傳》論戰之
語[18]，來評論六朝之文，然逕以「好整以暇」概括為六朝駢
體作法特徵，其說乍起突收，直斷卻簡略，對於六朝駢體行
文如何展現「好整以暇」之特點，則未作進一步闡述或舉證，
留給讀者較多設想空間，故難免有論述脈絡不明、語焉不詳
之感。

　　綜合而言，《六朝麗指》運用特殊的理論話語型態，探
究中國傳統文學中甚具特殊意義也影響深遠的駢體，其書兼
顧宏觀及微觀，取材豐富多元，為六朝駢體文學開展出豐富
的討論議題，在駢體文學發展史上深具里程碑的價值及意
義，對民國以後駢文學術研究所發揮的影響力，仍值得後世
學者珍視。

18　《左傳·成公十六年》：「曰臣之使於楚也，子重問晉國之勇，臣對
　　曰：『好以眾整。』曰：『又何如？』臣對曰：『好以暇。』今兩國
　　治戎，行人不使，不可謂之整；臨事而食言，不可謂暇。」引見〔晉〕
　　杜預注、〔唐〕孔穎達疏：《春秋左傳正義·成公十六年》，《十三
　　經注疏》（臺北：藝文印書館，1993年9月），第6冊，頁477。

主要參考書目

說　明：

1. 本書目分為傳統文獻、專著、單篇論文及學位論文三部分排列。
2. 民國以前傳統文獻依著者時代為序，民國以後論著則依著者姓氏筆畫及出版發表先後為序。
3. 論著之出版及發表年月，為求一致，統一以西元紀年。

傳統文獻

〔秦〕呂不韋編、〔漢〕高誘注：《呂氏春秋》，上海：上海書店，1992 年 6 月。

〔漢〕班固著、〔唐〕顏師古注：《漢書》，臺北：洪氏出版社。

〔漢〕班固著、〔唐〕顏師古注：《前漢書藝文志》，北京：中華書局，1985 年。

〔漢〕劉劭：《人物志》，臺北：金楓圖書出版社，出版年月不詳。

〔漢〕鄭玄注、〔唐〕孔穎達疏：《禮記正義》，重刊宋本

十三經注疏，臺北：藝文印書館影印本，1993 年 9 月。

〔晉〕干寶：《搜神記》，臺北：里仁書局，1982 年 9 月。

〔晉〕杜預注、〔唐〕孔穎達疏：《春秋左傳正義》，重刊宋本十三經注疏，臺北：藝文印書館，1993 年 9 月。

〔晉〕陶潛著、逯欽立校注：《陶淵明集》，臺北：里仁書局，1985 年 4 月。

〔南朝宋〕范曄：《後漢書》，臺北：樂天出版社，1974 年 3 月。

〔齊〕謝赫著、〔明〕毛晉訂：《古畫品錄》，臺北：藝文印書館，1966 年。

〔梁〕蕭子顯：《南齊書》，北京：中華書局，1972 年 1 月。

〔梁〕蕭統著、俞紹初校注：《昭明太子集校注》，鄭州：中州古籍出版社，2001 年 7 月。

〔梁〕蕭統：《文選》，臺北：藝文印書館，1991 年 12 月。

〔梁〕鍾嶸著、曹旭注：《詩品箋注》，北京：人民文學出版社，2009 年 12 月。

〔北朝〕顏之推著、王利器編：《顏氏家訓集解》，臺北：漢京文化事業，1983 年 9 月。

〔唐〕房玄齡等：《晉書》，清乾隆武英殿刊本二十四史，清光緒五洲同文局石印本。

〔唐〕姚思廉《梁書》，北京：中華書局，1973 年 5 月。

〔唐〕魏徵等：《隋書》，臺北：臺灣商務印書館，2008 年 5 月。

〔唐〕李延壽：《南史》，北京：中華書局，1975 年 6 月。

〔唐〕李善：《文選注》，臺北：藝文印書館，1991 年

12 月。

〔唐〕韓愈：《韓昌黎文集》，西安：三秦出版社，2004 年。

〔宋〕蘇軾著、〔清〕馮應榴輯註：《蘇軾詩集合注》，上
　　海：上海古籍出版社，2001 年 6 月。

〔宋〕洪邁：《容齋三筆》，北京：中華書局，2005 年 11
　　月。

〔宋〕蘇轍：《欒城集》，上海：上海古籍出版社，2009 年
　　10 月。

〔明〕陸時雍：《古詩鏡》，臺北：臺灣商務印書館，1970
　　年。

〔明〕張溥：《漢魏六朝百三名家集》，臺北：文津出版社，
　　1979 年 8 月。

〔明〕張溥著、殷孟倫注：《漢魏六朝百三家集題辭注》，
　　臺北：世界書局，1979 年 10 月。

〔清〕永瑢、紀昀：《四庫全書總目提要》，臺北：臺灣商
　　務印書館，1985 年。

〔清〕包世臣：《藝舟雙楫》，《歷代文話》，第六冊，上
　　海：復旦大學出版社，2007 年 11 月。

〔清〕朱一新：《無邪堂答問》，北京：中華書局，2000 年
　　12 月。

〔清〕阮福《文筆考》，臺北：世界書局，1979 年 4 月。

〔清〕李兆洛：《駢體文鈔》，上海：上海古籍出版社，2001
　　年 5 月。

〔清〕沈廷芳：《隱拙齋集》，濟南：齊魯書社，2001 年。

〔清〕沈德潛：《說詩晬語》，《清詩話》，上海：上海古

籍出版社，1999 年 6 月。

〔清〕姚鼐編、王文濡評註：《評註古文辭類纂》，臺北：
　　華正書局，1998 年 8 月。

〔清〕袁枚著、王英志編：《袁枚全集・小倉山房文集》，
　　南京：江蘇古籍出版社，1993 年 9 月。

〔清〕袁枚：《隨園詩話》，臺北：頂淵出版社，2004 年
　　3 月。

〔清〕孫梅：《四六叢話》，《歷代文話》，第五冊，上海：
　　復旦大學出版社，2007 年 11 月。

〔清〕孫德謙：《六朝麗指》，臺北：新興書局影印「四益
　　宧刊本」，1963 年 11 月。

〔清〕孫德謙：《四益宧駢文稿》，上海：瑞華印務局，1936
　　年。

〔清〕章太炎：《國學略說》，高雄：復文圖書出版社，1984
　　年 11 月。

〔清〕章學誠著、葉瑛校注：《文史通義校注》，臺北：里
　　仁書局，1984 年 9 月。

〔清〕梅曾亮：《柏梘山房全集》，《續修四庫全書・集部》，
　　上海：上海古籍出版社，2002 年。

〔清〕曾燠：《國朝駢體正宗》，《續修四庫全書・集部總
　　集類》，上海：上海古籍出版社，2002 年。

〔清〕曾國藩：《曾文正公手書日記》，臺北：臺灣學生書
　　局，1965 年 4 月。

〔清〕曾國藩：《鳴原堂論文》，上海：中華書局，四庫備
　　要刊本。

〔清〕許槤編、曹明綱譯注：《六朝文絜譯注》，上海：上海古籍出版社，1999 年 6 月。

〔清〕許槤著、黎經誥箋注：《六朝文絜箋注》，臺北：宏業書局，1983 年 4 月。

〔清〕浦起龍：《史通通釋》，臺北：里仁書局，1993 年 6 月。

〔清〕張之洞著、司馬朝軍注：《輶軒語詳註》，上海：華東師範大學出版社，2010 年 9 月。

〔清〕劉大櫆：《論文偶記》，北京：人民文學出版社，1998 年 5 月。

〔清〕劉師培：《漢魏六朝專家文研究》，臺北：臺灣中華書局，1982 年 3 月。

〔清〕嚴可均：《全上古三代秦漢三國六朝文》，北京：中華書局，1958 年 12 月。

〔清〕嚴可均：《全上古三代秦漢三國六朝文》，臺北：世界書局，2012 年 2 月。

專　著

丁紅旗：《魏晉南北朝駢文史論》，成都：巴蜀書社，2012 年 6 月。

于景祥：《中國駢文通史》，長春：吉林人民出版社，2002 年 1 月。

于景祥：《文心雕龍的駢文理論和實踐》，北京：中華書局，

2017 年 12 月。

王文濡:《南北朝文評注讀本》,上海:中華書局,1936 年
　　12 月。

王水照編:《歷代文話》,上海:復旦大學出版社,2007 年
　　11 月。

王更生:《文心雕龍讀本》,臺北:文史哲出版社,1985 年
　　4 月。

王利器:《文鏡秘府論校注》,臺北:貫雅文化事業,1991
　　年 12 月。

王運熙、楊明:《魏晉南北朝文學批評史》,上海:上海古
　　籍出版社,1989 年 6 月。

王運熙、顧易生主編:《清代文論選》,北京:人民文學出
　　版社,1999 年 1 月。

王夢鷗:《傳統文學論衡》,臺北:時報文化出版公司,1987
　　年 6 月。

王夢鷗譯:《文學論》,臺北:志文出版社,1992 年 12 月。

王夢鷗:《中國文學理論與實踐》,臺北:時報文化出版事
　　業,1995 年 11 月。

王瑤:《中古文學史論》,北京:北京大學出版社,1998 年
　　1 月。

古田敬一著、李淼譯:《中國文學的對句藝術》,臺北:祺
　　齡出版社,1994 年 9 月。

羊玉祥:《古詩文鑒賞方法二十一講》,成都:巴蜀書社,
　　1995 年 9 月。

朱榮智:《文氣與文章創作關係研究》,臺北:師大書苑,

1988 年 3 月。

吳云主編：《20 世紀中國文學研究‧魏晉南北朝文學研究》，
　　北京：北京出版社，2001 年 12 月。

吳功正：《六朝美學史》，南京：江蘇美術出版社，1994 年
　　12 月。

吳功正：《中國文學美學》，南京：江蘇教育出版社，2001
　　年 9 月。

李詳：《李審言文集》，南京：江蘇古籍出版社，1989 年
　　6 月。

李澤厚：《美學三書‧美的歷程》，合肥：安徽文藝出版社，
　　1999 年 1 月。

呂雙偉：《清代駢文理論研究》，北京：人民出版社，2011
　　年 8 月。

呂雙偉：《清代駢文研究》，上海：上海古籍出版社，2018
　　年 8 月。

汪國勝等：《漢語辭格大全》，南寧：廣西教育出版社，1993
　　年 2 月。

金秬香：《駢文概論》，臺北：臺灣商務印書館，1967 年
　　9 月。

宗白華：《美學的散步》，臺北：洪範書局，1987 年 3 月。

周勛初：《魏晉南北朝文學論叢》，南京：江蘇古籍出版社，
　　1999 年 11 月。

俌榮本：《文學史理論》，北京：社會科學文獻出版社，2012
　　年 1 月。

范文瀾：《文心雕龍注》，臺北：宏業書局，1982 年 9 月。

姜書閣：《駢文史論》，北京：人民文學出版社，1986 年 11
　　月。

胡適：《白話文學史》，臺南：東海出版社，1976 年 8 月。

徐復觀：《中國文學論集》，臺北：臺灣學生書局，2001 年
　　12 月。

奚彤雲：《中國古代駢文批評史稿》，上海：華東師範大學
　　出版社，2006 年 10 月。

袁行霈主編：《中國文學史》，北京：高等教育出版社，1999
　　年 8 月。

張克鋒：《魏晉南北朝文學與書畫的會通》，北京：中國社
　　會科學出版社，2010 年 12 月。

張仁青：《中國駢文發展史》，臺北：文史哲出版社，1970
　　年 5 月。

張仁青：《中國駢文析論》，臺北：東昇出版事業公司，1980
　　年 10 月。

張仁青：《駢文學》，臺北：文史哲出版社，1984 年 3 月。

張靜二：《文氣論詮》，臺北：五南圖書出版公司，1994 年
　　4 月。

莫山洪：《駢散的對立與互融》，濟南：齊魯書社，2010 年
　　12 月。

莫道才：《駢文研究與歷代四六話》，瀋陽：遼海出版社，
　　2005 年 11 月。

曹旭：《詩品集注》，上海：上海古籍出版社，1994 年
　　10 月。

陳平原：《文學如何教育》，臺北：新地文化藝術出版公司，

2012 年 11 月。

陳望道：《修辭學發凡》，臺北：文史哲出版社，1989 年
　　1 月。

陳滿銘：《章法結構原理與教學》，臺北：萬卷樓圖書公司，
　　2007 年 4 月。

陳鵬：《六朝駢文研究》，成都：巴蜀書社，2009 年 5 月。

郭紹虞：《郭紹虞說文論》，上海：上海古籍出版社，2000 年
　　5 月。

黃侃：《文心雕龍札記》，臺北：文史哲出版社，1973 年
　　6 月。

黃慶萱：《修辭學》，臺北：三民書局，2002 年 10 月修訂
　　三版。

游國恩等主編：《中國文學史》，北京：人民文學出版社，
　　1963 年 7 月。

逯欽立：《先秦漢魏南北朝詩》，北京：中華書局，1983 年
　　9 月。

葉慶炳：《中國文學史》，臺北：臺灣學生書局，1987 年 8
　　月。

董乃斌等：《中國文學史學史》，石家莊：河北人民出版社，
　　2003 年 1 月。

鄔國平等：《清代文學批評史》，上海：上海古籍出版社，
　　1995 年 11 月。

趙爾巽等：《清史稿》，北京：中華書局，1977 年 8 月。

趙樹功：《氣與中國文學理論體系構建》，北京：人民出版
　　社，2012 年 3 月。

楊明照:《增訂文心雕龍校注》,北京:中華書局,2000 年
　　8 月。

劉大杰:《中國文學發展史》,臺北:華正書局,1991 年
　　7 月。

劉永濟:《文心雕龍校釋》,臺北:華正書局,1981 年
　　10 月。

劉永濟:《十四朝文學要略》,北京:中華書局,2007 年
　　10 月。

劉永濟:《文學論》,北京:中華書局,2010 年 7 月。

劉衍文、劉永翔:《古典文學鑒賞論》,上海:上海教育出
　　版社,1991 年 8 月。

劉麟生:《駢文學》,上海:商務印書館,1934 年。

劉麟生:《中國駢文史》,臺北:臺灣商務印書館,1990 年
　　12 月臺六版。

劉濤:《南朝散文研究》,北京:中國社會科學出版社,2012
　　年 3 月。

鄭宇辰:《徐庾麗辭之形式與風格》,臺北:花木蘭出版社,
　　2012 年 3 月。

鄭毓瑜:《六朝文氣論探究》,臺北:國立臺灣大學出版委
　　員會,1988 年 6 月。

蔣伯潛:《駢文與散文》,臺北:世界書局,1983 年 12 月
　　四版。

蔡宗陽:《文法與修辭探驪》,臺北:萬卷樓圖書公司,2009
　　年 6 月。

潘慧瓊:《南朝文學批評意識的兩個維度》,北京:人民文

學出版社，2017 年 5 月。

錢基博：《現代中國文學史》，臺北：明倫出版社，1972 年
　　8 月。

錢鍾書：《管錐編》，蘭馨室書齋，出版年月不詳。

駱鴻凱：《文選學》，臺北：漢京文化事業，1982 年 10 月。

鍾濤：《六朝駢文形式及其文化意蘊》，北京：東方出版社，
　　1997 年 6 月。

顏崑陽：《六朝文學觀念叢論》，臺北：正中書局，1993 年
　　2 月。

羅宗強：《魏晉南北朝文學思想史》，北京：中華書局，2004
　　年 6 月。

羅積勇：《用典研究》，武漢：武漢大學出版社，2005 年 11
　　月。

蘇瑞隆：《鮑照詩文研究》，北京：中華書局，2006 年 1 月。

鬱沅、張明高編：《魏晉南北朝五代文論選》，北京：人民
　　文學出版社，1999 年 1 月。

專書論文、單篇論文及學位論文

丁姍姍：《六朝麗指駢文理論研究》，南昌：江西師範大學
　　碩士論文，2007 年 5 月。

丁福林：〈《南齊書・文學傳論》對文壇三派的評價〉，《遼
　　寧大學學報》1996 年第 3 期（總 139 期），頁 88－91。

王益鈞：《孫德謙駢文理論研究》，香港：香港中文大學中

國語言及文學課程碩士論文，2006 年 12 月。

王榮林：《六朝麗指研究》，瀋陽：遼寧大學博士論文，2015 年 5 月。

王榮林：〈論孫德謙六朝麗指中的「文有賦心」〉，《戲劇之家》2016 年 12 期（總 239），頁 264、266。

王蘧常：〈元和孫先生行狀〉，《國專月刊》2 卷 4 期，1935 年，頁 57－61。

吳丕績：〈孫隘堪年譜初稿〉，《學海》創刊號，1944 年，頁 86－94。

吳丕績：〈孫隘堪年譜初稿（續）〉，《學海》1 卷 6 冊，1944 年，頁 92－96。

李倩倩：《孫德謙六朝麗指新探》，石家莊：河北師範大學碩士論文，2013 年 6 月。

汪泓、丁姍姍：〈孫德謙六朝麗指氣韻說淺釋〉，《中國古代文章學的成立與展開》（上海：復旦大學出版社，2011 年 3 月），頁 461－482。

余祖坤：〈論古典文章學中的「潛氣內轉」〉，《中南民族大學學報》（人文社會科學版），32 卷 1 期，2012 年 1 月，頁 157－161。

余崇生：〈孫德謙與六朝麗指〉，《國文天地》，12 卷 8 期，1997 年 1 月，頁 40－44。

林文月：〈關於文學史上的指稱與斷代——以六朝為例〉，《語文、情性、義理——中國文學的多層面探討國際學術會議論文集》（臺北：國立臺灣大學中國文學系，1996 年 4 月），頁 9－23。

祁立峰：〈六朝文論中的「奇險」與其概念延異〉，《中正漢學研究》第 39 期（2022 年 6 月），頁 51－74。

胡旭〈《南齊書・文學傳論》三體淵源辨識〉，徐中玉等主編：《中國文論的直與曲》（上海：華東師範大學出版社，2010 年 4 月），頁 196－209。

柯慶明：〈關於文學史的一些理論思維〉，《臺靜農先生百歲冥誕學術研討會論文集》（臺北：國立臺灣大學中國文學系，2001 年 12 月），頁 183－208。

孫德謙：〈駢體文林序〉，《學衡》25 期，1924 年，頁 1－2。

奚彤雲：〈清嘉慶至光緒時期溝通駢散的駢文理論〉，《南京師範大學文學院學報》，第 3 期，2005 年 9 月，頁 110－116。

張作棟：〈論李兆洛的「駢散合一」思想〉，《廣西師範大學學報》（哲學社會科學版），43 卷 5 期，2007 年 10 月，頁 21－27。

張作棟、袁虹：〈論孫德謙駢散合一思想〉，《廣西師範大學學報》（哲學社會科學版），47 卷 3 期，2011 年 6 月，頁 25－29。

張晏瑞：《孫德謙及其校讎目錄學研究》，臺北：臺北市立教育大學中國語文學系碩士論文，2009 年 6 月。

張慧：〈論《南齊書・文學傳論》與齊梁文學新變〉，《河北北方學院學報》（社會科學版），33 卷 3 期，2017 年 5 月，頁 18－22。

曹虹：〈清嘉道以來不拘駢散論的文學史意義〉，《文學評論》，1997 年 3 期，頁 109－116。

莫山洪：〈論駢文理論的歷史演進〉，《上饒師範學院學報》
　　24卷2期，2004年2月，頁67－72。

陳志揚：〈《四六叢話》：乾嘉駢散之爭格局下的駢文研究〉，
　　《文學評論》，2006年2期，頁33－40。

陳松雄：〈儷古並存之原因〉，《東吳中文學報》，11期，
　　2005年5月，頁39－64。

陳鵬：〈論孫德謙駢文學的創新及其意義〉，《江淮論壇》
　　2023年4期，2023年8月，頁166－175。

趙益：〈孫德謙「說理散不如駢」申論──兼論駢文的深層
　　表達機制〉，《文學評論》，2017年第4期，頁100－107。

程美華：〈略論駢文之氣──從六朝到初唐四傑〉，《安徽
　　大學學報》，哲學社會科學版），29卷6期，2005年
　　11月，頁87－90。

蔡英俊：〈「風格」的界義及其與中國文學批評理念〉，《文
　　心雕龍綜論》，臺北：臺灣學生書局，1988年5月，頁
　　347－368。

劉濤：〈論六朝麗指在駢文批評上的貢獻〉，《廣東技術師
　　範學院學報》（社會科學），2013年5期，頁14－21。

鄭宇辰：〈孫德謙駢文筆法論析述〉，《有鳳初鳴年刊》，4
　　期，2008年9月，頁307－316。

蕭莫寒：〈輓孫德謙先生〉，《詩經》，1卷5期，1935年，
　　頁11。

顏崑陽：〈六朝文學「體源批評」的取向與效用〉，《東華

人文學報》，3 期，2001 年 7 月，頁 1－35。

蘇瑞隆：〈漢魏六朝俳諧賦初探〉，《南京大學學報：哲學‧
　　人文科學‧社會科學》2010 年 5 期，頁 118－128、159。